国家卫生和计划生育委员会"十二五"规划教材

全国中等卫生职业教育教材

供药剂专业用

会 计 基 础

主　编　赖玉玲

副主编　汪　勇　于治春

编　者（以姓氏笔画为序）

于治春（山东省莱阳卫生学校）

刘　芸（江西省赣州卫生学校）

汪　勇（江西省赣州市人民医院）

周建华（江西省赣州师范高等专科学校）

赖玉玲（江西省赣州卫生学校）

穆　欣（河南省郑州市卫生学校）

人民卫生出版社

图书在版编目（CIP）数据

会计基础 / 赖玉玲主编 . —北京：人民卫生出版社，2015

ISBN 978-7-117-20619-8

Ⅰ.①会… Ⅱ.①赖… Ⅲ.①会计学 – 中等专业学校 – 教材 Ⅳ.①F230

中国版本图书馆 CIP 数据核字（2015）第 115032 号

| 人卫社官网 | www.pmph.com | 出版物查询，在线购书 |
| 人卫医学网 | www.ipmph.com | 医学考试辅导，医学数据库服务，医学教育资源，大众健康资讯 |

会 计 基 础

主　　编：赖玉玲

出版发行：人民卫生出版社（中继线 010-59780011）

地　　址：北京市朝阳区潘家园南里 19 号

邮　　编：100021

E - mail：pmph @ pmph.com

购书热线：010-59787592　010-59787584　010-65264830

印　　刷：三河市君旺印务有限公司

经　　销：新华书店

开　　本：787×1092　1/16　印张：12

字　　数：300 千字

版　　次：2015 年 6 月第 1 版　2021年12月第 1 版第 6 次印刷

标准书号：ISBN 978-7-117-20619-8/R·20620

定　　价：27.00 元

打击盗版举报电话：010-59787491　E-mail：WQ @ pmph.com

（凡属印装质量问题请与本社市场营销中心联系退换）

出 版 说 明

为全面贯彻党的十八大和十八届三中、四中全会精神,依据《国务院关于加快发展现代职业教育的决定》要求,更好地服务于现代卫生职业教育快速发展的需要,适应卫生事业改革发展对医药卫生职业人才的需求,贯彻《医药卫生中长期人才发展规划(2011—2020年)》《现代职业教育体系建设规划(2014—2020年)》文件精神,人民卫生出版社在教育部、国家卫生和计划生育委员会的领导和支持下,按照教育部颁布的《中等职业学校专业教学标准(试行)》医药卫生类(第一辑)(简称《标准》),由全国卫生职业教育教学指导委员会(简称卫生行指委)直接指导,经过广泛的调研论证,成立了中等卫生职业教育各专业教育教材建设评审委员会,启动了全国中等卫生职业教育第三轮规划教材修订工作。

本轮规划教材修订的原则:①明确人才培养目标。按照《标准》要求,本轮规划教材坚持立德树人,培养职业素养与专业知识、专业技能并重,德智体美全面发展的技能型卫生专门人才。②强化教材体系建设。紧扣《标准》,各专业设置公共基础课(含公共选修课)、专业技能课(含专业核心课、专业方向课、专业选修课);同时,结合专业岗位与执业资格考试需要,充实完善课程与教材体系,使之更加符合现代职业教育体系发展的需要。在此基础上,组织制订了各专业课程教学大纲并附于教材中,方便教学参考。③贯彻现代职教理念。体现"以就业为导向,以能力为本位,以发展技能为核心"的职教理念。理论知识强调"必需、够用";突出技能培养,提倡"做中学、学中做"的理实一体化思想,在教材中编入实训(实验)指导。④重视传统融合创新。人民卫生出版社医药卫生规划教材经过长时间的实践与积累,其中的优良传统在本轮修订中得到了很好的传承。在广泛调研的基础上,再版教材与新编教材在整体上实现了高度融合与衔接。在教材编写中,产教融合、校企合作理念得到了充分贯彻。⑤突出行业规划特性。本轮修订紧紧依靠卫生行指委和各专业教育教材建设评审委员会,充分发挥行业机构与专家对教材的宏观规划与评审把关作用,体现了国家卫生计生委规划教材一贯的标准性、权威性、规范性。⑥提升服务教学能力。本轮教材修订,在主教材中设置了一系列服务教学的拓展模块;此外,教材立体化建设水平进一步提高,根据专业需要开发了配套教材、网络增值服务等,大量与课程相关的内容围绕教材形成便捷的在线数字化教学资源包,为教师提供教学素材支撑,为学生提供学习资源服务,教材的教学服务能力明显增强。

人民卫生出版社作为国家规划教材出版基地,获得了教育部中等职业教育专业技能课教材选题立项24个专业的立项选题资格。本轮首批启动了护理、助产、农村医学、药剂、制药技术专业教材修订,其他中职相关专业教材也将根据《标准》颁布情况陆续启动修订。

药剂、制药技术专业编写说明

　　药剂、制药技术专业是 2014 年教育部首批发布的 14 个专业类的 95 个《中等职业学校专业教学标准（试行）》中的两个专业。新版教学标准与以往相比做了较大调整，在课程的设置上更加注重满足产业发展和就业岗位对技能型劳动者职业能力的需求，打破了过去"以学科体系为引领、以学科知识为主线"的框架，向"以解决岗位问题为引领、以实际应用和能力提高为主线"转变。根据这一发展要求，并综合考虑目前全国中等卫生职业教育药品类专业的办学现状，我们规划并启动了本轮教材的编写工作。

　　本轮药剂、制药技术专业规划教材涵盖了《标准》课程设置中的主要专业核心课和大部分专业（技能）方向课，以及部分专业选修课。同时，为兼顾当前各院校教学安排实际情况，满足过渡时期的教学需要，在《标准》的基础上增加了《天然药物学基础》、《天然药物化学基础》、《医院药学概要》和《人体解剖生理学基础》等 4 种教材。

　　本轮教材的编写特别强调以中职学生认知发展规划为基础，以"宽基础，活模块"的编写模式为导向，既保证为今后的继续学习奠定必要的理论基础，又充分运用各种特色功能模块，将大量的实际案例、技能要点等贯穿其中，有效形成知识传授、能力形成的立体教材框架。教材中设置了"学习目标"、"导学情景"、"知识链接"、"课堂活动"、"案例分析"、"学以致用"、"点滴积累"、"目标检测"、"实训／实验"等模块，以力求教材内容的编排体现理论知识与工作任务之间的清晰关系，使学生在获取知识的过程中始终都与具体的职业实践相对应。

　　本系列教材将于 2015 年 6 月前全部出版。

全国卫生职业教育教学指导委员会

7

全国中等卫生职业教育"十二五"规划教材目录

护理、助产专业

序号	教材名称	版次	主编		课程类别	所供专业	配套教材
1	解剖学基础 *	3	任 晖	袁耀华	专业核心课	护理、助产	√
2	生理学基础 *	3	朱艳平	卢爱青	专业核心课	护理、助产	
3	药物学基础 *	3	姚 宏	黄 刚	专业核心课	护理、助产	√
4	护理学基础 *	3	李 玲	蒙雅萍	专业核心课	护理、助产	√
5	健康评估 *	2	张淑爱	李学松	专业核心课	护理、助产	√
6	内科护理 *	3	林梅英	朱启华	专业核心课	护理、助产	√
7	外科护理 *	3	李 勇	俞宝明	专业核心课	护理、助产	√
8	妇产科护理 *	3	刘文娜	闫瑞霞	专业核心课	护理、助产	√
9	儿科护理 *	3	高 凤	张宝琴	专业核心课	护理、助产	√
10	老年护理 *	3	张小燕	王春先	老年护理方向	护理、助产	√
11	老年保健	1	刘 伟		老年护理方向	护理、助产	
12	急救护理技术	3	王为民	来和平	急救护理方向	护理、助产	√
13	重症监护技术	2	刘旭平		急救护理方向	护理、助产	
14	社区护理	3	姜瑞涛	徐国辉	社区护理方向	护理、助产	√
15	健康教育	1	靳 平		社区护理方向	护理、助产	
16	解剖学基础 *	3	代加平	安月勇	专业核心课	助产、护理	√
17	生理学基础 *	3	张正红	杨汎雯	专业核心课	助产、护理	√
18	药物学基础 *	3	张 庆	田卫东	专业核心课	助产、护理	√
19	基础护理 *	3	贾丽萍	宫春梓	专业核心课	助产、护理	√
20	健康评估 *	2	张 展	迟玉香	专业核心课	助产、护理	√
21	母婴护理 *	1	郭玉兰	谭奕华	专业核心课	助产、护理	√

续表

序号	教材名称	版次	主编	课程类别	所供专业	配套教材
22	儿童护理 *	1	董春兰　刘　俐	专业核心课	助产、护理	√
23	成人护理（上册）—内外科护理 *	1	李俊华　曹文元	专业核心课	助产、护理	√
24	成人护理（下册）—妇科护理 *	1	林　珊　郭艳春	专业核心课	助产、护理	√
25	产科学基础 *	3	翟向红　吴晓琴	专业核心课	助产	√
26	助产技术 *	1	闫金凤　韦秀宜	专业核心课	助产	√
27	母婴保健	3	颜丽青	母婴保健方向	助产	√
28	遗传与优生	3	邓鼎森　于全勇	母婴保健方向	助产	
29	病理学基础	3	张军荣　杨怀宝	专业技能课	护理、助产	√
30	病原生物与免疫学基础	3	吕瑞芳　张晓红	专业技能课	护理、助产	√
31	生物化学基础	3	艾旭光　王春梅	专业技能课	护理、助产	
32	心理与精神护理	3	沈丽华	专业技能课	护理、助产	
33	护理技术综合实训	2	黄惠清　高晓梅	专业技能课	护理、助产	√
34	护理礼仪	3	耿　洁　吴　彬	专业技能课	护理、助产	
35	人际沟通	3	张志钢　刘冬梅	专业技能课	护理、助产	
36	中医护理	3	封银曼　马秋平	专业技能课	护理、助产	
37	五官科护理	3	张秀梅　王增源	专业技能课	护理、助产	√
38	营养与膳食	3	王忠福	专业技能课	护理、助产	
39	护士人文修养	1	王　燕	专业技能课	护理、助产	
40	护理伦理	1	钟会亮	专业技能课	护理、助产	
41	卫生法律法规	3	许练光	专业技能课	护理、助产	
42	护理管理基础	1	朱爱军	专业技能课	护理、助产	

农村医学专业

序号	教材名称	版次	主编	课程类别	配套教材
1	解剖学基础 *	1	王怀生　李一忠	专业核心课	
2	生理学基础 *	1	黄莉军　郭明广	专业核心课	
3	药理学基础 *	1	符秀华　覃隶莲	专业核心课	
4	诊断学基础 *	1	夏惠丽　朱建宁	专业核心课	
5	内科疾病防治 *	1	傅一明　闫立安	专业核心课	
6	外科疾病防治 *	1	刘庆国　周雅清	专业核心课	
7	妇产科疾病防治 *	1	黎　梅　周惠珍	专业核心课	
8	儿科疾病防治 *	1	黄力毅　李　卓	专业核心课	
9	公共卫生学基础 *	1	戚　林　王永军	专业核心课	
10	急救医学基础 *	1	魏　蕊　魏　瑛	专业核心课	
11	康复医学基础 *	1	盛幼珍　张　瑾	专业核心课	
12	病原生物与免疫学基础	1	钟禹霖　胡国平	专业技能课	
13	病理学基础	1	贺平则　黄光明	专业技能课	
14	中医药学基础	1	孙治安　李　兵	专业技能课	
15	针灸推拿技术	1	伍利民	专业技能课	
16	常用护理技术	1	马树平　陈清波	专业技能课	
17	农村常用医疗实践技能实训	1	王景舟	专业技能课	
18	精神病学基础	1	汪永君	专业技能课	
19	实用卫生法规	1	菅辉勇　李利斯	专业技能课	
20	五官科疾病防治	1	王增源	专业技能课	
21	医学心理学基础	1	白　杨　田仁礼	专业技能课	
22	生物化学基础	1	张文利	专业技能课	
23	医学伦理学基础	1	刘伟玲　斯钦巴图	专业技能课	
24	传染病防治	1	杨　霖　曹文元	专业技能课	

药剂、制药技术专业

序号	教材名称	版次	主编	课程类别	适用专业
1	基础化学 *	1	石宝珏　宋守正	专业核心课	制药技术、药剂
2	微生物基础 *	1	熊群英　张晓红	专业核心课	制药技术、药剂
3	实用医学基础 *	1	曲永松	专业核心课	制药技术、药剂
4	药事法规 *	1	王蕾	专业核心课	制药技术、药剂
5	药物分析技术 *	1	戴君武　王军	专业核心课	制药技术、药剂
6	药物制剂技术 *	1	解玉岭	专业技能课	制药技术、药剂
7	药物化学 *	1	谢癸亮	专业技能课	制药技术、药剂
8	会计基础	1	赖玉玲	专业技能课	药剂
9	临床医学概要	1	孟月丽　曹文元	专业技能课	药剂
10	人体解剖生理学基础	1	黄莉军　张楚	专业技能课	药剂、制药技术
11	天然药物学基础	1	郑小吉	专业技能课	药剂、制药技术
12	天然药物化学基础	1	刘诗泩　欧绍淑	专业技能课	药剂、制药技术
13	药品储存与养护技术	1	宫淑秋	专业技能课	药剂、制药技术
14	中医药基础	1	谭红　李培富	专业核心课	药剂、制药技术
15	药店零售与服务技术	1	石少婷	专业技能课	药剂
16	医药市场营销技术	1	王顺庆	专业技能课	药剂
17	药品调剂技术	1	区门秀	专业技能课	药剂
18	医院药学概要	1	刘素兰	专业技能课	药剂
19	医药商品基础	1	詹晓如	专业核心课	药剂、制药技术
20	药理学	1	张庆　陈达林	专业技能课	药剂、制药技术

注：1. * 为"十二五"职业教育国家规划教材。

　　2. 全套教材配有网络增值服务。

前　言

根据《国务院关于加快发展现代职业教育的决定》和教育部组织制定的《中等职业学校专业教学标准（试行）》，全国高等医药教材建设委员会、人民卫生出版社组织全国中等卫生职业学校、部分高职高专院校及医院专家共同编写了这套全国中等卫生职业教育规划教材（国家卫生和计划生育委员会"十二五"规划教材）。《会计基础》被列为药品类专业教材之一，主要供三年制药剂专业教学使用，也可作为药品生产企业、药品销售企业、医院和药店企业员工培训的教材。

职业教育旨在培养高技能应用型人才，在教学过程中注重理论与实践一体化，倡导教、学、做相结合。本教材在认真总结教学经验和企业实践的基础上，打破了传统的以理论知识传授为主的理念，充分考虑了中等卫生职业教育的特点，注重会计基本理论联系实际，编写了新会计准则颁布后的会计基础，强化了新会计准则颁发后的药品企业、医院药品会计、药房药品会计核算的基本方法、技能的训练和会计职业道德与会计法律规范知识的掌握，每章均附有练习题，以利于学生全面、准确地理解和掌握教材的主要内容，培养学生的实际动手能力，从而为学生搭建起一个清晰的会计整体工作框架。

为适应现代中等卫生职业学校人才培养的需要，本教材突出了以下特点：

1. 思路创新。以体现卫生职业教育人才培养的目标要求为基本思路，以体现理论够用、适度为基本原则，改变了传统的以传授理论知识为主的教学模式，按照着力培养和提高职业岗位能力的要求来编写。

2. 实例创新。本教材的实例是根据学生日后工作中所从事岗位的实例编写的，既有利于教师更好地把握教材的重点和难点，又能激发学生的学习兴趣，使学生真正成为学习的主体。

3. 体例创新。基于工作实际进行编写，教材体例有了创新。大多数会计基础教材都是基于会计核算方法编排教学内容。本教材依据学生日后工作中所从事的岗位，分别讲解不同岗位的会计核算过程，细化工作岗位环节，以完成工作岗位任务为尺度，取舍教学内容。各章节之间内在联系比较紧密，具有企业实践性和可操作性。

4. 表现形式创新。本教材改变了以文字叙述为主的传统表现形式，形式多样化，有图、表等。图、表均来源于企业。

本教材在内容编写中设置了学习目标、导学情景、课堂活动、案例分析、知识链接、学以致用、点滴积累、目标检测（附参考答案）等内容，方便教师教学和学生学习，使教材更具可读性。

本教材是团队合作的结晶，由编者反复磋商、修订而成。全书由赖玉玲任主编，汪勇、于治春任副主编,共分十一章。

本教材是在参考其他同类教材及有关书刊的基础上编写的,在编写过程中得到了人民卫生出版社、编者所在单位领导及有关医药企业人员的大力支持,在此谨向这些单位和个人表示诚挚的感谢!

本书不足之处,敬请读者和同行指教。

编　者
2015 年 3 月

目　录

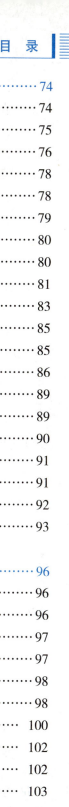

第一章 绪 论

学习目标

1. 掌握会计的基本前提、要素和等式。
2. 熟悉会计的职能和信息质量要求。
3. 了解会计的概念、特点、对象和方法。
4. 具有理财素质和爱岗敬业、诚实守信的职业道德。

导学情景

情景描述：

药剂班李英在校期间接触到会计基础课程，刚开始不理解为什么要学习财会知识，但是通过一段时间的学习，李英了解了会计的基本理论，在自己专业和会计学中找到融合点，聪明的李英意识到会计就是自己未来竞争的利器，在学校课程的基础上努力学习，顺利考取了会计从业资格证书。在夏日炎炎的毕业季里，李英靠这个利器找到了一份满意的工作。

学前导语：

从李英的例子中我们可以看到多证化的优势。现在社会的竞争，从不缺乏专业人才，缺乏的是具有多种领域知识能力的人才。会计不仅可以应用于工作中，作为自己的竞争优势，同样可以应用于自己的生活，管理好自己的财产，树立正确的价值观。

第一节　会计的基本概念

一、会计的概念

会计是以货币作为主要计量单位，以凭证为依据，运用一系列专门的方法，对一定主体的经济活动进行全面、连续、系统地核算和监督，形成各种富有经济意义的会计信息，向信息需求者提供经营决策的一种经济管理活动。

二、会计的职能

会计的职能是指会计在经济管理工作中所具有的功能。会计的基本职能包括核算和监督。

（一）核算

会计核算职能是指运用货币形式,通过对经济活动进行确认、计量、记录、计算、报告等环节,对各单位的经济活动进行记账、算账和报账,将经济活动的内容转换成会计信息的功能,又称反映职能。

（二）监督

会计监督职能是指会计人员在进行会计核算的同时,对本单位经济业务的真实性、合法性、合理性进行的审查,又称控制职能。

会计核算与监督是相互作用、相辅相成的。核算是监督的前提,而监督是核算的保证。除此之外,会计还有预测经济前景、参与经济决策、评价经营成果等职能。

> **课堂活动**
>
> 请结合您对会计职能的理解,分析一下会计的核算和监督职能在药店和药业公司的不同运用。

三、会计的特点

（一）以货币为统一的主要计量单位

在会计核算过程中,常用的度量包括实物度量(如公斤、吨、件等)、劳动度量(如工时、工日等)和货币度量,而其中以货币度量为主。实物度量反映的是实量增减变动;劳动度量反映的是生产过程中的劳动消耗;货币度量是通过会计的记录,全面地、系统地反映和监督单位的财产物资的收支和劳动消耗,并计算出最终财务成果。在会计核算中以货币度量为主要计量单位,而实物度量和劳动度量作为辅助计量单位。

（二）以真实、合法的原始凭证为核算依据

原始凭证是在经济业务发生或完成时取得或填制的原始记录,反映经济业务发生的真实记录。只有以真实、合法的原始凭证为核算,才能取得真实可靠的会计信息,这是会计一个重要的特点。

（三）对经济业务的核算具有连续性、系统性和全面性

连续性是指对各种经济业务应按其发生的时间,顺序地、不间断地进行记录和核算;系统性是指对各种经济业务要进行分类和综合核算,并对会计资料进行加工整理,以取得系统的会计信息;全面性是指对所有的经济业务都必须进行确认、计量和记录,不能遗漏。

（四）具有一套比较系统、完整、科学的核算方法

会计核算和监督具有一套比较系统、完整、科学的方法。通过这些方法对经济业务进行确认、计量、记录、分类和整理,最后连续、系统、全面地反映出来,达到会计管理的目的。

> **课堂活动**
>
> 请问,"在会计核算中只是以货币作为唯一的计量单位"这句话正确吗?

四、会计的对象

会计的对象是指会计核算和监督的内容。会计的具体对象是指企业、行政事业单位等

行业各自的会计核算内容。下面简单介绍一下各种行业的会计对象。

（一）企业会计的对象

企业会计的对象指其资金的运动。包括资金的筹集、资金的循环与周转和资金的分配。

企业资金运动之间是相互支持、相互制约的。没有资金的筹集，就没有资金的循环与周转，更不会有资金的分配；没有资金的分配退出，就不会有新一轮的资金进入，也不会有企业的扩大发展。

（二）行政、事业单位会计的对象

行政单位是指行使国家行政管理，组织经济建设和文化建设，维护社会公共秩序的单位，如各级政府部门、行政机关、司法机关等。经费的领拨、使用与其结余构成了行政单位的资金运动，这也是行政单位会计的对象。

事业单位是指直接或间接地为生产建设和人民生活服务的单位，如教育、卫生、科研、环保等单位。预算经费和服务收入的取得、使用及结余构成了事业单位的资金运动，也就是事业单位会计的对象。

点滴积累

1. 会计是以货币作为主要计量单位，以凭证为依据，运用一系列专门的方法，对一定主体的经济活动进行全面、连续、系统地核算和监督，形成各种富有经济意义的会计信息，向信息需求者提供经营决策的一种经济管理活动。
2. 会计的基本职能是核算和监督，核算是监督的前提，监督是核算的保证。
3. 会计的特点　以货币为统一的主要计量单位；以真实、合法的原始凭证为核算依据；对经济业务的核算具有连续性、系统性和全面性；具有一套比较系统、完整、科学的核算方法。
4. 会计的对象是指会计核算和监督的内容。

第二节　会计核算的基本前提

由于市场环境的变化莫测，会计的核算也必然会受到制约和影响。例如，企业可能被其他企业吞并或吞并其他企业，发生主体的变更；企业在一定时期内经营顺利，而另一时期却面临破产，出现能否持续经营问题；企业按正常年度提供会计信息，但可能在特殊要求下提供会计信息，面临非会计期间问题；企业经营扩大在国外建立分公司，进行跨国经营，出现多币种问题；企业核算计量时遇到应计制问题等，都会引起空间、持续性、时间、计量单位和方法的变化。所以，必须为会计核算设定前提条件。

会计核算的基本前提，又称为基本假设，是对会计核算所处的时间、空间环境所作的合乎逻辑的推理和判断，又是为了保证会计工作的正常进行，对会计核算的范围、内容、基本程序和方法所作的假定，并在此基础上建立会计原则。

会计核算有如下五个基本前提。

（一）会计主体

会计主体是指需要进行独立核算的特定经济组织。会计主体从空间上对会计信息进行了限定，一个企业必然要进行独立的核算，而企业的独立核算就当以企业为基本主体。例如,药店的会计核算就要以药店为会计主体进行确认、计量和报告。

 知识链接

会计主体和法律主体的区别

　　法律主体以能够独立承担法律责任为依据,可以是法人,也可以是自然人;而会计主体是以能否进行独立核算为依据的。但法律主体往往是一个会计主体,而会计主体不一定是法律主体。例如,母子公司是分别具有独立法人资格的实体,是独立的法律主体,在为了反映企业集团经营情况时会以企业集团为一个会计主体进行核算,而企业集团不能作为一个法律主体存在。又如,总分公司不是各自独立的法人实体,分公司不具备法律主体,但可能为了反映其经营情况而进行内部单独核算成为一个会计主体。

(二) 持续经营

　　持续经营是会计核算应当以会计主体持续、正常的生产经营活动为前提,即在可以预见的将来,会计主体不会面临清算、解散、倒闭而不复存在,是会计分期的前提。当然,任何企业都存在经营风险,一旦进入破产清算,持续经营的前提就不再存在了。但这并不影响持续经营假设的存在,和其在企业正常经营中会计核算发挥的作用。

(三) 会计分期

　　会计分期是指为了及时计算盈亏和对外提供会计信息,人为地将可预见的持续经营划分为若干个连续、相等的期间,又称为会计期间,是持续经营前提的必要补充。

　　会计期间分为年度和中期。会计期间通常为一年,称为会计年度。《中华人民共和国会计法》(以下简称《会计法》)规定:"会计年度自公历 1 月 1 日起至 12 月 31 日止"。中期是指短于一个完整会计年度的报告时间,可以是月报、季报和半年报。企业应当划分会计期间,分期结算账目、编制会计报表。

(四) 货币计量

　　货币计量是指在会计核算中,以货币作为统一的计量单位,记录和反映企业的生产经营活动。在我国,会计核算应该以人民币为记账本位币。但是当经济交易中出现多币种情况时,就需要选定一种货币作为统一的计量单位。例如,一家具有境外业务的公司,其国内部分应该以人民币为计量单位,而境外部分可以以某种外币为计量单位,但是在编制报表时应该把境外部分按当时的汇率换算成人民币进行反映。

课堂活动

　　白云药业有限责任公司 2 月采购一批原材料 100 000 元,且原材料已经入库,但由于白云药业有限责任公司目前流动资金紧张,当月支付了 80 000 元的药品款,并协商好剩余 20 000 元药品款于下月初支付。

　　请问:在权责发生制下,该笔业务中的 20 000 元药品款是否应该计入 2 月的支出?

(五) 权责发生制

　　权责发生制又称应计制,是以应收应付为标准来确定本期收入和费用的一种方法。凡是当期已经实现的收入和发生的费用,不论是否收付都应当计入本期;凡不属于当期的收入和费用,即使款项已经收付,也不应记作当期。企业应当以权责发生制为基础进行会计确认、计量和报告。

第三节 会计信息质量要求

会计信息质量要求具体如下:

(一) 真实性

企业应当以实际发生的交易或者事项为依据进行会计确认、计量和报告,如实反映符合确认和计量要求的各项会计要素及其他相关信息,保证会计信息真实可靠、内容完整。

(二) 相关性

企业提供的会计信息应当与财务会计报告使用者的经济决策需要相关,有助于财务会计报告使用者对企业过去、现在或者未来的情况作出评价或预测。

(三) 清晰性

企业提供的会计信息应当清晰明了,便于财务会计报告使用者理解和使用。

(四) 可比性

企业提供的会计信息应当具有可比性。同一企业不同时期发生的相同或者相似的交易或者事项,应当采用一致的会计政策,不得随意变更。确需变更的,应当在附注中说明。

不同企业发生的相同或者相似的交易或者事项,应当采用规定的会计政策,确保会计信息口径一致、互相可比。

(五) 实质重于形式

企业应当按照交易或者事项的经济实质进行会计确认、计量和报告,不应仅以交易或者事项的法律形式为依据。

(六) 重要性

企业提供的会计信息应当反映与企业财务状况、经营成果和现金流量等有关的所有重要交易或者事项。

(七) 谨慎性

企业对交易或者事项进行会计确认、计量和报告应当保持应有的谨慎,不应高估资产或者收益、低估负债或者费用。

案例分析

案例:

会计赵明在月末向会计主管李军报告本月收入时,发现有一个销售协议因为库存药品数量不够,本月未实现。但是,赵明认为这个销售本来就应该在本月实现,而且下个月肯定会实现,为了让收入更加好看,在向李军报告时把这个销售未实现的收入计入到本月收入中。

分析:

案例中赵明违反了会计信息质量中的真实性和谨慎性原则,由于该笔销售业务没有实现,不能为了让收入好看而违规加上该笔业务收入,这是虚增收入、提供虚假会计信息的行为。

(八) 及时性

企业对于已经发生的交易或者事项,应当及时进行会计确认、计量和报告,不得提前或者延后。

点滴积累

会计信息质量要求:真实性、相关性、清晰性、可比性、实质重于形式、重要性、谨慎性、及时性。

第四节　会计方法

会计核算的方法是对会计对象进行连续、系统、全面地核算和监督所应用的方法,主要包括如下七种,它们相互联系共同组成会计核算的方法体系。

(一) 设置会计科目及账户

会计科目是对财务报表要素的具体内容按照其规律、特性进行具体分类后所形成的具体项目,是设置账户及对账户命名的依据。账户是根据会计科目开设的具有专门格式和结构,用来分类记录经济业务事项的一种载体。科学地设置会计科目及账户,细化会计对象,是会计核算的基础。

(二) 复式记账

复式记账是指对每一项经济业务都要在两个或两个以上的相互联系的账户中进行登记的一种方法。复式记账既能全面地反映经济业务引起资金运动的增减变化,又能通过账户之间的平衡关系,检查会计记录的准确性。

(三) 填制和审核会计凭证

填制和审核会计凭证是指各单位发生的任何经济业务都必须取得原始凭证,证明其经济业务的发生或完成,并对原始凭证的填制内容是否完备、手续是否齐全、业务的发生是否合理合法等进行审核,经审核无误后,编制记账凭证。

(四) 设置与登记会计账簿

设置与登记会计账簿是会计核算和记录工作的中心环节。通过登记账簿,能将分散的经济业务进行分类汇总,系统地反映每项经济活动全部过程。

(五) 成本计算

成本计算是按照一定对象归集和分配生产经营过程中发生的各种费用,以便确定该对象的总成本和单位成本的一种专门方法。

（六）财产清查

财产清查是为了确定某单位在一定时期财产的实存数，并核查实存数和账面数是否一致的方法。

（七）编制财务会计报表

编制会计报表是根据账簿记录的真实准确数据资料，采用一定的表格形式，概括、综合地反映各单位在一定时期内经济活动过程和结果的一种方法。

 点滴积累

会计核算的方法是对会计对象进行连续、系统、全面地核算和监督所应用的方法。其包括：设置会计科目及账户、复式记账、填制和审核会计凭证、设置与登记会计账簿、成本计算、财产清查、编制财务会计报表。

第五节 会计要素及会计等式

一、会计要素

会计要素是会计核算对象的基本分类，其包括资产、负债、所有者权益、收入、费用和利润。

（一）资产

资产是指企业过去的交易或事项形成、由企业拥有或控制、预期会给企业带来经济利益的资源。

资产按其流动性，划分为流动资产和非流动资产两大类。

流动资产是指在一年或超过一年的一个会计期间内变现或耗用的资产。包括库存现金、银行存款、应收及预付款项等。非流动性资产是指变现或耗用期在一年以上的资产，包括固定资产、无形资产等。

资产具备以下基本特征：

（1）资产是过去的交易或事项形成的。也就是说，企业资产必须是现实的而不是预期的，包括购置、生产、建造等行为。预期在未来发生的交易或事项不形成资产，如计划购入的生产设备等。

（2）资产是由企业拥有或控制，且能从中获得相应的经济利益的。如果企业资产因为各种原因无法给企业带来经济利益，就不能再认定为企业资产了。

课堂活动

白云药业有限责任公司预订了一台中药研磨机器，请问这台机器属于企业的资产吗？如果是，这台机器属于流动资产还是非流动资产呢？

（二）负债

负债是指过去的交易或事项形成的现时义务，履行该义务预期将会导致经济利益流出企业。

负债按偿还期限的长短,分为流动负债和非流动负债。

流动负债是偿还期限在一年(含一年)或超过一个经营周期以内的债务,包括短期借款、应付账款、应付职工薪酬等。非流动负债是指偿还期限在一年以上或超过一年的一个营业周期以上的债务,包括长期借款等。

课堂活动

白云药业有限责任公司于 2013 年 10 月从银行取得 6 个月的小额贷款,请问这笔贷款属于企业的负债吗?

负债具备以下特征:

(1)负债是由于过去的交易或事项形成的偿还义务。尚未发生的、预期在将来要发生的交易或事项可能产生债务但不能确认为负债。

(2)负债是现时义务。负债是企业目前实实在在的偿还义务,要由企业在未来某个时日加以偿还。

(3)偿还债务会导致经济利益流出企业。企业在履行偿还义务时,可能以资产或劳务进行偿还,在未来清偿时必然会导致经济利益的流出。

(三) 所有者权益

所有者权益是指企业资产扣除负债后由所有者享有的剩余权益;从量的方面来看,其金额是资产扣除负债后的余额。

所有者权益包括实收资本(所有者投入的资本)、资本公积(投入资本引起的增值资本)、盈余公积、未分配利润等,其中前两项属于投资者的初始投入资本,后两项属于企业留存的收益。

 知识链接

所有者权益与负债的区别

所有者权益与负债相比具备以下特征:

(1)所有者权益无偿还期。所有者权益不像负债那样需要偿还,可供企业长期使用,除非发生减资、清算,企业不需要偿还所有者。

(2)所有者对企业的要求权位于债权人之后。通常企业清算时,负债往往优先清偿,而所有者只有在清偿所有的负债之后才返还给所有者。

(3)所有者能够分享利润,而债权人不能参与利润分配。但所有者在享受利润的同时,也承担着企业的风险。

(四) 收入

收入是企业在日常活动中形成、会导致所有者权益增加、与所有者投入资本无关的经济利益的总流入。按照企业经营业务主次不同分为主营业务收入和其他业务收入。主营业务收入是企业为完成其经营的目标所从事的经常性活动所实现的收入,如销售商品收入、提供劳务收入等。其他业务收入是企业除主营业务收入以外的其他业务取得的收入,如销售原材料、出租固定资产和转让无形资产等。

收入具备以下特征:

（1）由日常活动形成而不是偶然发生的。如工业企业销售产品,流通企业销售商品,服务企业提供劳务等日常活动会产生收入,而出售闲置的生产设备则不属于日常活动,也就不会产生收入。

（2）收入是经济利益的总流入。这个经济利益是指本企业的经济利益,不包括第三方或代收的款项,这些都不应确认为收入。

（五）费用

费用是指企业在日常活动中发生、会导致所有者权益减少、与向所有者分配利润无关的经济利益的总流出。企业在销售商品、提供劳务等日常活动中所发生的费用,可划分为两类:一类是企业为生产产品、提供劳务等发生的直接和间接费用,应计入产品和劳务的成本,包括直接材料、直接人工和制造费用;另一类是不应计入成本而直接计入当期损益的相关费用,包括管理费用、财务费用、销售费用等。

费用具备以下特征:

（1）费用是在日常活动中发生,而不是偶然发生的。如企业销售商品时的运输费属于日常活动导致经济利益流出,形成费用;而出售大型设备的净损失属于非日常活动,不形成费用,属于企业的一种损失。

（2）费用导致了经济利益流出。费用的发生引起企业资产的减少,或负债的增加,或两者兼备,最终导致经济利益流出企业。

（六）利润

利润是企业在一定会计期间的经营成果。利润包括收入减去费用后的净值、直接计入当期利润的利得和损失等。其中,直接计入当期利润的利得和损失是指应当计入当期损益,会导致所有者权益发生增减变化、与所有者投入资本或向所有者分配利润无关的利得和损失。

利润具有以下特征:

（1）利润是企业一定会计期间的最终经营成果,会导致所有者权益的变动。

（2）利润的多少是收入与费用配比的结果。

二、会计等式

（一）资产、负债与所有者权益的数量关系

企业的经营需要拥有一定的资产,而企业的资产主要来源于投资者和债权人两个方面,其中投资者投入的部分称为"所有者权益",债权人借入的部分称为"债权人权益"(即

负债）。

由此引出在某个时点上,资金运动在静态情况下的等式:

$$资产 = 负债 + 所有者权益$$

该等式表达了一种数量平衡关系,也就是资产负债表要素中资产、负债与所有者权益的关系,反映了企业在某个时点上的财务状况,被称为会计恒等式。

(二) 收入、费用与利润的数量关系

企业运用资产开展经营活动,一方面生产商品、提供劳务,产生经济利益的流入,取得收入;另一方面商品、劳务在生产和提供过程中产生经济利益的流出,形成费用。当收入大于费用时,表示企业产生利润;当收入小于费用时,表示企业出现亏损。

由此引出在一定时期内,资金运动在动态情况下的等式:

$$收入 - 费用 = 利润$$

该等式表达了企业损益表要素之间的关系,反映了企业在一定期间内的经营成果,是企业设计损益表的理论依据。

综上所述,会计等式是对会计要素的性质及相互关系的表达。各会计要素之间的恒等关系表现了企业财务状况和经营成果的全部过程,在会计核算方面具有重要意义。

 点滴积累

1. 会计六个要素:资产、负债、所有者权益、收入、费用、利润。
2. 会计的两个等式:

$$资产 = 负债 + 所有者权益$$
$$收入 - 费用 = 利润$$

 目标检测

一、单项选择题

1. 在现行会计准则下,企业应以什么为基础进行确认和计量(　　　)
   A. 收付实现制　　　　　　B. 现金收付制　　　　　　C. 权责发生制
   D. 实质重于形式　　　　　E. 银行收付制

2. 根据《会计法》的规定,一个会计年度为(　　　)
   A. 公历年 6 月 30 日至 12 月 31 日　　　　B. 农历年 1 月 1 日至 12 月 31 日
   C. 公历年 1 月 1 日至 6 月 30 日　　　　　D. 公历年 1 月 1 日至 9 月 30 日
   E. 公历年 1 月 1 日至 12 月 31 日

3. 以下各项不属于会计核算基本前提的是(　　　)
   A. 会计主体　　B. 持续经营　　C. 谨慎性　　D. 货币计量　　E. 会计分期

4. 以下哪个会计要素是企业过去的交易或事项形成、由企业拥有或控制、预期会给企业带来经济利益的资源(　　　)
   A. 资产　　　　　　　　　　B. 收入　　　　　　　　　　C. 负债
   D. 所有者权益　　　　　　　E. 利润

5. 反映资金运动在静态情况下的等式(　　　)
   A. 收入 - 费用 = 利润　　　　　　　　B. 资产 = 负债 - 所有者权益

C. 收入 + 费用 = 利润   D. 资产 = 负债 + 所有者权益

E. 资产 + 负债 = 所有者权益

二、多项选择题

1. 下面几项属于会计基本职能的是( )

A. 货币计量   B. 会计核算   C. 会计主体   D. 会计监督   E. 持续经营

2. 下面几项属于会计信息质量要求的是( )

A. 可比性   B. 实质重于形式   C. 谨慎性

D. 权责发生制   E. 及时性

3. 以下哪些属于会计核算的方法( )

A. 设置会计科目及账户   B. 复式记账   C. 填制和审核记账凭证

D. 财产清查   E. 编制财务会计报表

4. 以下属于会计的六个要素是( )

A. 资产和负债   B. 收入和费用   C. 利润

D. 所有者权益   E. 成本

5. 反映企业经营成果的会计要素是( )

A. 利润   B. 收入   C. 负债

D. 所有者权益   E. 费用

三、简答题

1. 简述会计核算的五个基本前提。

2. 会计核算中反映财务状况和经营成果的两个等式是什么?

(穆 欣)

第二章 会计科目、账户与记账法

学习目标

1. 掌握会计账户结构和借贷记账法。
2. 熟悉会计科目表中的会计科目及其使用说明、试算平衡方法。
3. 了解会计科目、账户的定义和分类。

课堂互动

白云药业有限责任公司有一台大型设备价值80万元,药品原材料价值6万元。结合会计要素的学习,分析一下上述经济业务属于哪个会计要素? 请尝试给该会计要素进行科目划分。

第一节 会计科目和账户

一、会计科目

会计科目是指对会计要素按照不同的经济内容和管理需要进行分类的项目。合理的对会计要素内容进行分类,可为会计核算提供便利。

（一）会计科目表

财政部2006年10月颁布的《企业会计准则——应用指南》统一规范了一般企业的156个会计科目,表2-1展示了一般企业常用的75个会计科目。

表2-1 一般企业常用部分会计科目（一级科目）

编号	会计科目名称	编号	会计科目名称
	一、资产类	1123	预付账款
1001	库存现金	1131	应收股利
1002	银行存款	1132	应收利息
1015	其他货币资金	1221	其他应收款
1101	交易性金融资产	1231	坏账准备
1121	应收票据	1401	材料采购
1122	应收账款	1402	在途物资

续表

编号	会计科目名称	编号	会计科目名称
1403	原材料	2701	长期应付款
1404	材料成本差异	2711	专项应付款
1405	库存商品	2801	预计负债
1411	周转材料	2901	递延所得税负债
1471	存货跌价准备		三、共同类
1511	长期股权投资	3101	衍生工具
1512	长期股权投资减值准备	3201	套期工具
1531	长期应收款	3202	被套期项目
1601	固定资产		四、所有者权益类
1602	累计折旧	4001	实收资本
1603	固定资产减值准备	4002	资本公积
1604	在建工程	4101	盈余公积
1605	工程物资	4103	本年利润
1606	固定资产清理	4104	利润分配
1701	无形资产		五、成本类
1702	累计摊销	5001	生产成本
1703	无形资产减值准备	5101	制造费用
1711	商誉		六、损益类
1801	长期待摊费用	6001	主营业务收入
1811	递延所得税资产	6051	其他业务收入
1901	待处理财产损益	6101	公允价值变动损益
	二、负债类	6111	投资收益
2001	短期借款	6301	营业外收入
2101	交易性金融负债	6401	主营业务成本
2201	应付票据	6402	其他业务成本
2202	应付账款	6405	营业税金及附加
2203	预收账款	6601	销售费用
2211	应付职工薪酬	6602	管理费用
2221	应交税费	6603	财务费用
2231	应付利息	6701	资产减值损失
2232	应付股利	6711	营业外支出
2241	其他应付款	6801	所得税费用
2501	长期借款	6901	以前年度损益调整
2502	应付债券		

注：会计科目的编号和名称是国家统一和固定的，不能随意更改和设置新科目。会计科目的编号是为了便于进行会计登记和查询，实行会计电算化

(二) 会计科目的分类

会计科目的分类是指根据一定的标志将会计科目体系中所有会计科目区分出来。

1. 根据会计科目核算的内容不同分为六大类:资产类、负债类、共同类、所有者权益类、成本类和损益类。详见表 2-1 所示会计科目,这是最基本和重要的分类。

2. 根据会计科目核算信息的详细程度不同分为两类:总分类科目和明细分类科目。

总分类科目又称总账科目,是指用于总括核算会计要素并提供较为概括会计信息的科目,是一级会计科目。表 2-1 中所列会计科目就是总分类科目。总分类科目满足了外部会计信息使用者的需求,是开设总账的依据。

明细分类科目也称为明细账科目,是指对总分类科目进一步分类而设置的科目。它相对于总账科目更为细化经济业务。在实际工作中,除了会计制度统一规定的以外,企业可以根据经营情况自行设定明细分类科目,但不能违反统一会计核算的要求。明细科目满足了企业内部经营管理者的需求,是开设明细账的依据。

课堂互动

白云药业有限责任公司有库存商品乌鸡白凤丸、当归口服液两种,还有生产这两种药品的原材料人参、黄芪和当归。

请根据所学习的会计科目分类来说明,哪些是总账科目,哪些是明细账科目。

二、会计科目的使用说明

从表 2-1 中可以看到常用的会计科目有 75 个,结合我们药学专业特点,为后面章节会计实务学习作铺垫,本书只简单介绍常见科目的使用说明。

(一) 资产类科目

1. 库存现金 企业库存的人民币或外币。

2. 银行存款 企业存入银行或其他金融机构的各项存款。

3. 应收账款 企业因销售商品或提供劳务等经营活动应收取的款项。

4. 预付账款 企业按照合同规定预先支付给供货商的款项。

5. 其他应收款 企业除应收账款、预付账款等以外的其他各种应收及暂付款项,如员工垫付的水电费、预付出差人员差旅费等。

6. 原材料 企业库存的用于生产的各种材料。

7. 库存商品 企业库存的各种商品。

8. 固定资产 企业持有的使用年限超过一年,单位价值高的物资,如房屋建筑物、机器设备等。

9. 无形资产 企业为生产商品或提供劳务而持有的、没有实物形态的非货币性资产,包括专利权、非专利技术、商标权、著作权等。

(二) 负债类科目

1. 短期借款 企业向银行或其他金融机构借入的期限在一年以下(含一年)的各种借款。

2. 应付账款 企业因购买材料、商品和接受劳务等经营活动而应支付的款项。

3. 预收账款 企业按照合同规定向购货单位预收的款项。

4. 应付职工薪酬 企业根据有关规定应付给职工的各种薪酬。

5. 应交税费　企业按照税法等规定计算应缴纳的各种税费。

6. 其他应付款　企业除应付账款、预收账款、应付职工薪酬、应交税费等以外的其他各项应付、暂收的款项。

7. 长期借款　企业向银行或其他金融机构借入的期限在一年以上（不含一年）的各项借款。

（三）所有者权益类科目

1. 实收资本　企业接受投资者投入的资本。按照投资者不同分为国家资本、法人资本、个人资本和外商资本等。

2. 资本公积　企业收到投资者出资额超出其在注册资本中所占份额的部分，包括接受现金捐赠等。

3. 本年利润　企业当期实现的净利润，或发生的净亏损。

（四）成本类科目

1. 生产成本　企业进行生产发生的各项生产成本，包括直接人工、直接材料等。

2. 制造费用　企业生产车间为生产产品和提供劳务而发生的各项间接费用。

（五）损益类科目

1. 主营业务收入　企业确认的销售商品、提供劳务等主营业务的收入，如产品销售收入等。

2. 其他业务收入　企业确认的除主营业务活动以外的其他经营活动实现的收入，如材料销售、固定资产出租等。

3. 主营业务成本　企业确认销售商品、提供劳务等主营业务收入时应结转的成本。

4. 其他业务成本　企业确认的除主营业务活动以外的其他经营活动所发生的成本支出。

5. 营业税金及附加　企业经营发生的营业税、消费税和教育费附加等相关税费。

6. 销售费用　企业销售商品、提供劳务的过程中发生的各种费用。

7. 管理费用　企业为组织和管理企业生产经营所发生的管理费用。

8. 财务费用　企业为筹集生产经营所需资金等而发生的筹资费用。

三、账户

（一）会计账户的概念

账户是根据会计科目设置的具有一定格式和结构，用来连续、分类和系统地记录各项经济业务引起的各会计要素增减变化情况及结果的载体。账户是以会计科目为名称，具有一定的结构；而会计科目是通过账户来反映其增减变化，余额方向。两者之间密切联系又相互独立。按照账户核算的经济内容不同，账户可以分为资产类账户、负债类账户、共同类账户、所有者权益类账户、成本类账户、损益类账户。按照账户提供核算信息的详细程度，分为总分类账户和明细分类账户。

（二）会计账户的结构

账户的结构是指在账户中记录经济业务引起的各会计要素增减变化情况及其结果。账户的结构分为两部分，一方登记增加额，一方登记减少额，用以记录经济业务的增减变动，同时，金额汇总后差额就是余额。通常，我们使用"T"字形账户结构，又称"丁"字形，即在账户的左方登记增加额，右方登记减少额；或左方登记减少额，右方登记增加额的账户结构。

账户结构关系等式是：

$$期末余额 = 期初余额 + 本期增加发生额 - 本期减少发生额$$
$$上期期末余额 = 本期期初余额$$

"T"字形账户结构详见表2-2、2-3所示。

表2-2 "T"字形账户左方登记增加额、右方登记减少额

左方	账户（会计科目）名称	右方
期初余额		
增加发生额		减少发生额
增加发生额合计		减少发生额合计
期末余额		

表2-3 "T"字形账户左方登记减少额、右方登记增加额

左方	账户（会计科目）名称	右方
		期初余额
减少发生额		增加发生额
减少发生额合计		增加发生额合计
		期末余额

点滴积累

1. 会计科目按照核算内容不同分为：资产类、负债类、共同类、所有者权益类、成本类和损益类。
2. 会计科目按照核算信息的详细程度不同分为总分类科目和明细分类科目。
3. 账户是根据会计科目设置的具有一定格式和结构，用来连续、分类和系统地记录各项经济业务引起的各会计要素增减变化情况及结果的载体。
4. "T"字形账户结构，又称"丁"字形，是在账户的左方登记增加额，右方登记减少额；或左方登记减少额，右方登记增加额的账户结构。
5. "T"字形账户结构关系等式是：

$$期末余额 = 期初余额 + 本期增加发生额 - 本期减少发生额$$
$$上期期末余额 = 本期期初余额$$

第二节 记 账 法

一、记账法的概念

记账法是指会计在核算中利用账户记录经济业务交易和事项的具体方式，包括单式记账法和复式记账法两种。

知识链接

记账法的发展

在近代会计学产生之前,世界上普遍采用单式记账法,到12、13世纪,复式记账法才在单式记账法的基础上初步萌发,直到15世纪形成完整的体系。所以,复式记账法是在单式记账法的基础上衍生而来的。

(一) 单式记账法

单式记账法是对于每一项经济业务一般只在一个账户中进行单方面登记的记账方法。由于只单方面反映会计信息,其不能全面地反映经济业务的内容。

(二) 复式记账法

复式记账法是对发生的每一项经济业务都以相同的金额,同时在两个或两个以上相互联系的账户中进行登记的记账方法。其不仅能够反映资金运动的全貌,又便于检查账户记录的正确性。目前,我国统一规定会计记账采用复式记账法中的借贷记账法。

 课堂活动

白云药业有限责任公司用银行存款采购原材料一批,价值 10 000 元。

请问上述经济业务在单式记账法和复式记账法下的不同之处?

二、借贷记账法

(一) 借贷记账法概念

借贷记账法是以"借"、"贷"二字作为记账符号,以"有借必有贷,借贷必相等"作为记账规则的一种复式记账法。

(二) 借贷记账法的内容

借贷记账法的基本内容包括记账符号、账户结构和记账规则。

1. 记账符号

借贷记账法是以"借"或"贷"为记账符号。这个记账符号只是用来反映账户的方向,不具有字面含义。在不同性质的账户中,"借方"或"贷方"所反映的经济内容不同。

2. 账户结构

在借贷记账法下,任何账户都有借方和贷方两方,通过在账户"T"字形结构来进行核算,规定左边为借方,右边为贷方,详见表2-4所示。

表2-4 借贷记账法下"T"字形账户结构

借方	账户名称	贷方

在借贷记账法下,账户分为借贷两方。其中,账户的一方登记增加金额,一方登记减少

17

金额。至于账户哪一方登记增加,哪一方登记减少,这要根据账户的性质来确定。

课堂活动

"T"字形账户结构是固定的,左边是借方,右边是贷方。

"T"字形账户内左边登记增加额或减少额,右边也登记增加额或减少额。

请问以上两句话正确吗?

下面就以不同性质的账户结构,分别详细说明。

(1)资产类账户结构:资产类账户借方登记增加额,贷方登记减少额,账户若有余额,一般是借方余额。资产类账户的结构详见表2-5所示。

表2-5 资产类账户结构

借方	资产类账户	贷方
期初余额		
本期增加额		本期减少额
本期借方发生额合计		本期贷方发生额合计
期末余额		

资产类账户各部分之间的关系如下:

资产类账户期末余额(借方)= 期初余额(借方)+ 本期借方发生额合计 – 本期贷方发生额合计

(2)负债类和所有者权益类账户结构:负债类和所有者权益类账户借方登记减少额,贷方登记增加额,账户若有余额,一般是贷方余额。负债类和所有者权益类账户的结构详见表2-6所示。

表2-6 负债类和所有者权益类账户结构

借方	负债类和所有者权益类账户	贷方
		期初余额
本期减少额		本期增加额
本期借方发生额合计		本期贷方发生额合计
		期末余额

负债类和所有者权益类账户各指标之间的关系如下:

负债类和所有者权益类账户期末余额(贷方)= 期初余额(贷方)+ 本期贷方发生额合计 – 本期借方发生额合计

(3)成本类账户结构:成本类账户借方登记增加额,贷方登记减少额,期末一般无余额,若有余额,余额一般在借方余额,反映期末产品的成本。成本类账户的结构详见表2-7所示。

表2-7 成本类账户结构

借方	成本类账户	贷方
期初余额（若有上期结余）		
本期增加额		本期减少额
本期借方发生额合计		本期贷方发生额合计
期末余额（若有结余）		

成本类账户各指标之间的关系如下：

成本类账户期末余额（借方）= 期初余额（借方）+ 本期借方发生额合计 – 本期贷方发生额合计

（4）损益类账户结构：损益类账户按性质分为费用类和收入类。两种账户由于性质不同也具有不同的结构方向。

1）收入类账户借方登记减少额，贷方登记增加额，期末一般无余额。收入类账户的结构详见表2-8所示。

表2-8 收入类账户结构

借方	收入类账户	贷方
本期减少额		本期增加额
本期借方发生额合计		本期贷方发生额合计
		结转后无余额

2）费用类账户借方登记增加额，贷方登记减少额，期末一般无余额。费用类账户的结构详见表2-9所示。

表2-9 费用类账户结构

借方	费用类账户	贷方
本期增加额		本期减少额
本期借方发生额合计		本期贷方发生额合计
结转后无余额		

3. 记账规则

记账规则是指运用记账方法记录经济业务时应当遵守的规律。借贷记账法的记账规则是"有借必有贷，借贷必相等"，其规则是以会计等式"资产 = 负债 + 所有者权益"为基础的。所以每次账户变化，为了达到平衡，会引起等式中项目变化，一共有9种情况，详见表2-10所示。

表2-10 记账规则图表

	资产＝负债＋所有者权益			总额
1	内部有增有减	不变	不变	不变
2	不变	内部有增有减	不变	不变
3	不变	不变	内部有增有减	不变
4	增加	增加	不变	增加
5	增加	不变	增加	增加
6	减少	减少	不变	减少
7	减少	不变	减少	减少
8	不变	增加	减少	不变
9	不变	减少	增加	不变

4. 会计分录

会计分录简称为分录,指每项经济业务应登记的账户、方向和金额的一种记录。按照所涉及账户的多少,分为简单分录和复合分录。简单分录是指只涉及一个借方和一个贷方账户的会计分录,即一借一贷。复合分录是指涉及两个以上(不含两个)对应账户组成的会计分录,即一借多贷、多借一贷或多借多贷。但在实际工作中为了反映清晰的账户对应关系,一般不采用多借多贷的会计分录。其中,账户的对应关系是指在经济业务过程中形成的有关账户之间的应借应贷关系。

【经济业务2-1】2013年2月白云药业有限责任公司发生的经济事务如下:

(1)白云药业有限责任公司从银行提取现金1500元。

(资产内部有增有减,增减金额相等,库存现金借方增加,银行存款贷方减少)

借方	银行存款	贷方	借方	库存现金	贷方
		1500	1500		

会计分录如下:

借:库存现金 1500
　　贷:银行存款 1500

(2)白云药业有限责任公司向银行借入六个月的短期借款50 000元,支付之前所欠材料采购款50 000元。

(负债内部有增有减,增减金额相等,短期借款贷方增加,应付账款借方减少)

借方	短期借款	贷方	借方	应付账款	贷方
		50 000	50 000		

会计分录如下:

借:应付账款 50 000
　　贷:短期借款 50 000

（3）白云药业有限责任公司按法定程序,同意将资本公积 500 000 元转作实收资本。

（所有者权益内部有增有减,增减金额相等,实收资本贷方增加,资本公积借方减少）

借方	实收资本	贷方	借方	资本公积	贷方
	500 000	←	→	500 000	

会计分录如下:

借:资本公积　　　　　　　　　　　　　　　　　　　500 000

　　贷:实收资本　　　　　　　　　　　　　　　　　　　500 000

（4）白云药业有限责任公司采购中药黄芪一批 30 000 元,已入库生产,货款未付。

（资产和负债同时增加相同金额,原材料借方增加,应付账款贷方增加）

借方	应付账款	贷方	借方	原材料	贷方
	30 000	←	→	30 000	

会计分录如下:

借:原材料　　　　　　　　　　　　　　　　　　　30 000

　　贷:应付账款　　　　　　　　　　　　　　　　　　30 000

（5）白云药业有限责任公司接受新的投资 1 000 000 元,存入银行存款。

（资产和所有者权益同时增加相同金额,银行存款借方增加,实收资本贷方增加）

借方	实收资本	贷方	借方	银行存款	贷方
	1 000 000	←	→	1 000 000	

会计分录如下:

借:银行存款　　　　　　　　　　　　　　　　　　1 000 000

　　贷:实收资本　　　　　　　　　　　　　　　　　　1 000 000

（6）白云药业有限责任公司用银行存款偿还欠供货商的材料款 15 000 元。

（资产和负债同时减少相同金额,银行存款贷方减少,应付账款借方减少）

借方	银行存款	贷方	借方	应付账款	贷方
	15 000	←	→	15 000	

会计分录如下:

借:应付账款　　　　　　　　　　　　　　　　　　15 000

　　贷:银行存款　　　　　　　　　　　　　　　　　　15 000

（7）白云药业有限责任公司用银行存款退还投资者 400 000 元。

（资产和所有者权益同时减少相同金额,银行存款贷方减少,实收资本借方减少）

借方	银行存款	贷方		借方	实收资本	贷方
	400 000				400 000	

会计分录如下：

借：实收资本 400 000

贷：银行存款 400 000

（8）白云药业有限责任公司与投资者协议到期,退回其投资 200 000 元,但企业目前周转困难,暂欠对方。

（负债增加,所有者权益减少,增减变化相同金额,其他应付款贷方增加,实收资本借方减少）

借方	其他应付款	贷方		借方	实收资本	贷方
	200 000				200 000	

会计分录如下：

借：实收资本 200 000

贷：其他应付款 200 000

（9）白云药业有限责任公司投资者代替公司偿还一笔应付账款 35 000 作为对本公司的追加投资。

（负债减少,所有者权益增加,增减变化相同金额,应付账款借方减少,实收资本贷方增加）

借方	实收资本	贷方		借方	应付账款	贷方
	35 000				35 000	

会计分录如下：

借：应付账款 35 000

贷：实收资本 35 000

以上业务都是一借一贷的会计分录,现举例复合会计分录的编写。

【经济业务 2-2】白云药业有限责任公司购入原材料药材 100 000 元,其中 50 000 元用银行存款支付,其余 50 000 元暂欠对方,编制会计分录是：

借：原材料 100 000

贷：银行存款 50 000

应付账款 50 000

三、试算平衡

试算平衡是根据"资产 = 负债 + 所有者权益"会计等式和记账规则来检查会计分录、登账过程是否正确完整的检验方法,包括余额试算平衡和发生额试算平衡。

（一）余额试算平衡

余额试算平衡是以会计恒等式"资产＝负债＋所有者权益"为基础来验证登账过程是否正确的测试。余额试算平衡公式如下：

全部账户期初借方余额合计数＝全部账户期初贷方余额合计数

全部账户期末借方余额合计数＝全部账户期末贷方余额合计数

（二）发生额试算平衡

发生额试算平衡是以记账规则"有借必有贷，借贷必相等"为基础来检查会计分录编制是否正确的测试。发生额试算平衡公式如下：

全部账户本期借方发生额合计数＝全部账户本期贷方发生额合计数

（三）试算平衡表

在实际工作中，我们通过试算平衡表来实现试算平衡。试算平衡表的格式如表2-11所示。

表2-11　试算平衡表

会计科目	期初余额		本期发生额		期末余额	
	借方	贷方	借方	贷方	借方	贷方
现金 银行存款 ············						
合计						

试算平衡表的编制方法：

1. 将各账户的期初余额登记入表内期初余额处。

2. 将各账户的本期发生额逐笔登记到表内本期发生额处。

3. 将各账户期末余额登记到表内期末余额处。

4. 计算期初余额、本期发生额、期末余额各栏下借方和贷方合计数，观察是否符合余额试算平衡公式和发生额试算平衡公式。

 案例分析

案例：

白云药业有限责任公司会计王丽2月账务试算平衡结果平衡，王丽觉得自己这个月的账务计算正确了。但是会计主管李军却不这么认为，要求王丽再严谨地检查一遍。王丽虽然不情愿但还是照做了，结果发现有笔业务方向反了。

分析：

试算平衡试算的只是检查凭证编制和登记账薄的正确与否，并不能表示账务是正确的，因为试算平衡无法检查科目借贷方向反、漏登经济业务、登记科目错误等问题。

需要说明的是，试算平衡是一种检验编制凭证和账务登记是否正确的一种方法。在进行试算平衡时，首先要保证每笔业务都进行登记，如果借贷不平衡，就可以肯定账户登记或计算出现错误,要查找错误并进行纠正。即使实现了试算平衡,也并不保证账务一定正确,只能说明会计凭证填制和登记账簿正确。

根据【经济业务 2-1】所列示的经济业务,登记试算平衡表 2-12 如下:

表 2-12 白云药业有限责任公司 2013 年 2 月试算平衡表

会计科目	期初余额(1 月末余额)		本期发生额		期末余额	
	借方	贷方	借方	贷方	借方	贷方
库存现金			1500		1500	
银行存款	900 000		1 000 000	416 500	1 900 000	416 500
原材料	80 000		30 000		110 000	
应收账款	50 000				50 000	
库存商品	40 000				40 000	
固定资产	700 000				700 000	
短期借款		60 000		50 000		110 000
应付账款		45 000	100 000	30 000	100 000	75 000
其他应付款		5000		200 000		205 000
实收资本		1 500 000	600 000	1 535 000	600 000	3 035 000
资本公积		160 000	500 000		500 000	160 000
合计	1 770 000	1 770 000	2 231 500	2 231 500	4 001 500	4 001 500

点滴积累

1. 复式记账法是对发生的每一项经济业务都以相同的金额,同时在两个或两个以上相互联系的账户中进行登记的记账方法。
2. 借贷记账法是以"借"、"贷"二字作为记账符号,以"有借必有贷,借贷必相等"作为记账规则的一种复式记账法。
3. 账户结构:资产、成本、费用类账户借方表示增加,贷方表示减少。负债、所有者权益、收入类账户借方表示减少,贷方表示增加。
4. 根据"资产 = 负债 + 所有者权益"为基础有 9 种记账规则。
5. 试算平衡是根据"资产 = 负债 + 所有者权益"会计等式和记账规则来检查会计分录、登账过程是否正确完整的检验方法,包括余额试算平衡和发生额试算平衡。

目标检测

一、单项选择题

1. 会计科目下列哪一项不属于资产类科目( )

　　A. 库存现金　　　　　　　　　B. 银行存款

　　C. 应收账款　　　　　　　　　D. 预收账款

E. 预付账款

2. 下列各项属于固定资产的是（　　　）

A. 原材料 　　　　　　　　　　　　B. 专利技术

C. 生产厂房 　　　　　　　　　　　D. 库存商品

E. 非专利技术

3. 下列各项属于负债类科目的是（　　　）

A. 短期借款 　　　　　　　　　　　B. 资本公积

C. 预付账款 　　　　　　　　　　　D. 其他应收款

E. 应收账款

4. 下列属于收入类账户结构的是（　　　）

A. 借方增加 　　　　　　　　　　　B. 借方不变

C. 贷方减少 　　　　　　　　　　　D. 余额在借方

E. 借方减少

5. 属于资产类账户期末余额的计算公式是（　　　）

A. 期末余额 = 期初借方余额 + 本期借方发生额 − 本期贷方发生额

B. 期末余额 = 本期借方发生额 − 本期贷方发生额

C. 期末余额 = 期初贷方余额 + 本期贷方发生额 − 本期借方发生额

D. 期末余额 = 期初借方余额 + 本期贷方发生额 − 本期借方发生额

E. 期末余额 = 本期贷方发生额 − 本期借方发生额

二、多项选择题

1. 下列哪项属于对会计科目按核算内容的分类（　　　）

A. 资产类 　　　　　B. 共同类 　　　　　C. 总分类

D. 负债类 　　　　　E. 明细类

2. 下列哪项属于无形资产（　　　）

A. 商誉 　　　　　　B. 专利权 　　　　　C. 商标权

D. 非专利技术 　　　E. 著作权

3. 在借贷记账法下，账户借方登记（　　　）

A. 资产类增加 　　　　　　　　　　B. 负债类减少

C. 所有者权益类减少 　　　　　　　D. 成本类增加

E. 收入类减少

4. 在借贷记账法的记账符号是（　　　）

A. 借 　　　　　　　B. 贷 　　　　　　　C. 增

D. 减 　　　　　　　E. 收

5. 试算平衡可以检查哪些错误（　　　）

A. 凭证编写时借贷方金额不等

B. 凭证编写时借方方向错误

C. 登记账簿时漏登业务

D. 登记账簿时某科目贷方漏登

E. 凭证编写时贷方方向错误

三、简答题

1. 简述六种账户的结构。

2. 简述借贷记账法的记账符号和记账规则。

3. 简述两种试算平衡公式。

（穆　欣）

第三章 会计凭证

学习目标

1. 掌握原始凭证、记账凭证的填制和审核。
2. 熟悉会计凭证的传递和保管。
3. 了解会计凭证的定义和分类。

第一节 会计凭证概述

会计凭证是记录经济业务、明确经济责任的书面证明,也是登记账簿的依据。

会计凭证按照编制的程序和用途不同,分为原始凭证和记账凭证。

课堂活动

会计凭证的分类有哪些?哪些票据属于原始凭证?记账凭证又有哪些呢?

一、原始凭证

原始凭证是在经济业务发生或完成时由相关人员取得或填制的,用以记录或证明经济业务发生或完成情况并明确有关经济责任的一种原始凭据。任何经济业务发生都必须填制和取得原始凭证,一般将它附在记账凭证后面,如各类发票、罚单、各类银行票据、产品入库单、产品出库单等,原始凭证是会计核算的原始依据。

二、记账凭证

记账凭证是财会部门根据审核无误的原始凭证进行归类、整理,记载经济业务简要内容,确定会计分录的会计凭证。记账凭证是登记会计账簿的直接依据。

三、原始凭证和记账凭证的区别

原始凭证和记账凭证都称为会计凭证,但是原始凭证记录的是经济信息,它是编制记账凭证的依据,是会计核算的基础;而记账凭证记录的是会计信息,它是会计核算的期间起点。

1. 填制人员不同　原始凭证由经办人员填制,而记账凭证由会计人员填制。

2. 填制的依据不同　原始凭证是根据发生或完成的经济业务填制的,而记账凭证则是根据审核后的原始凭证填制的。

3. 填制的内容不同　原始凭证仅用以记录、证明经济业务已经完成,而记账凭证则要依据会计科目对已经发生或完成的经济业务进行归类、整理。

4. 发挥的作用不同　原始凭证是记账凭证的附件和填制记账凭证的依据,而记账凭证则是登记账簿的依据。

 点滴积累

1. 会计凭证是记录经济业务、明确经济责任的书面证明,也是登记账簿的依据。
2. 会计凭证按照编制的程序和用途不同,分为原始凭证和记账凭证。

第二节　凭证的填制和审核

填制和审核会计凭证,是会计核算的专门方法之一,也是会计核算工作的起点。会计凭证分为原始凭证、记账凭证。

原始凭证是证明经济业务发生的原始依据,具有较强的法律效力,是一种很重要的会计凭证。

 课堂活动

海欣药业有限责任公司小王出差回来报销车票,请问车票是否为原始凭证? 如果是,属于自制原始凭证还是外来原始凭证?

一、原始凭证的填制和审核

(一) 原始凭证必须具备以下基本内容

1. 原始凭证的名称。
2. 填制原始凭证的日期和凭证编号。
3. 接受凭证的单位名称。
4. 经济业务内容,如品名、数量、单价、金额(大小写)。
5. 填制单位名称和经办人员的签章。

(二) 原始凭证的种类

原始凭证的种类可分别按来源、填制方法、格式不同分类。详见表3-1 所示。

表 3-1　原始凭证分类表

	按来源划分	①外来原始凭证
		②自制原始凭证
原始凭证	按填制方法划分	①一次凭证
		②累计凭证
		③汇总凭证
	按格式划分	①通用凭证
		②专用凭证

1. 原始凭证按其来源不同分类　原始凭证按其来源不同分类,可以分为外来原始凭证

和自制原始凭证两种。

（1）外来原始凭证是在经济业务活动发生或完成时，从其他单位或个人直接取得的原始凭证，如职工出差时取得的飞机票、车船票，购买办公用品时取得的普通发票，增值税专用发票等。增值税专用发票格式详见表3-2所示。

表3-2 增值税专用发票

No：00276404
开票日期：

购货单位	名称： 纳税人识别号： 地址、电话： 开户行账号：				密码区			
货物或应税劳务名称	规格型号	单位	数量	单价	金额	税率	税额
合计							
价税合计大写			（小写）				
销售单位	名称： 纳税人识别号： 地址、电话： 开户行账号：				备注			

收款人：　　　　　复核：　　　　　开票人：　　　　　销售单位：（章）

（2）自制原始凭证是指本单位内部具体经办业务的部门和人员，在执行或完成某项经济业务时所填制的原始凭证，如领料单、入库单、出库单、工资发放明细表、折旧计算表等。领料单和出库单的格式详见表3-3、3-4所示。

表3-3 领料单

NO：2692776
字第　　号

领料部门：　　　　　　　　（三联式）
用途：　　年　　月　　日

材料			单位	数量		成本								材料账页
						单价	总价							
编号	名称	规格		请领	实发		十万	万	千	百	十	元	角	分	

主管：　　　　　会计：　　　　　保管：　　　　　领料人：　　　　　制单：

表3-4 出库单

出 库 单

编号	物品名称	规格	单位	数量	单价	金额								备注
						十万	万	千	百	十	元	角	分	
合计(大写)		十万 万 仟 佰 拾 元 角 分												

主管： 会计： 保管： 领物人： 制单：

2. 原始凭证按其填制方法不同分类 原始凭证按其填制方法不同,可以分为一次凭证、累计凭证和汇总凭证三种。

（1）一次凭证是指一次填制完成、只记录一笔经济业务的原始凭证。所有的外来原始凭证和大部分的自制原始凭证都属于一次凭证。

（2）累计凭证是指在一定时期内多次记录发生的同类型经济业务的原始凭证,如限额领料单等。限额领料单的格式详见表3-5所示。

表3-5 限额领料单

领料部门： 用途： 日期：

材料名称	规格	单位	计划投产量	单位消耗定额	领用限额	实发		
						数量	单价	金额
日期	领用			退料				
	数量	领料人	发料人	数量	退料人	收料人	限额结余数量	

主管： 会计： 保管： 领料人： 制单：

（3）汇总凭证,也叫原始凭证汇总表,是根据许多同类经济业务的原始凭证或会计核算资料定期加以汇总而重新编制的原始凭证。常用的汇总原始凭证有发出材料汇总表、工资结算汇总表等。

3. 原始凭证按其格式不同分类 原始凭证按其格式不同分类,可以分为通用凭证和专用凭证两种。

（1）通用凭证是指全国或某一地区、某一部门统一格式的原始凭证,如由银行统一印制的结算凭证、税务部门统一印制的发票等。

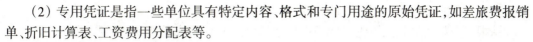

（2）专用凭证是指一些单位具有特定内容、格式和专门用途的原始凭证，如差旅费报销单、折旧计算表、工资费用分配表等。

（三）原始凭证的填制

1. 原始凭证是具有法律效力的证明文件，是进行会计核算的依据，必须认真填制。尽管原始凭证种类很多，格式也各不相同，但一般都包括了以下内容：原始凭证的名称；填制凭证的日期和编号；填制凭证单位的名称或者填制人的姓名；经办人员的签章；接受凭证单位的名称；经济业务的内容；凭证的附件。为了保证原始凭证的真实性、合法性、合理性，原始凭证的填制必须符合以下要求：

（1）记录要真实。原始凭证上填制的日期、经济业务内容和数字必须是经济业务发生或完成的实际情况，不得弄虚作假，不得以匡算数或估计数填入，不得涂改、挖补。

（2）内容要完整。原始凭证中应该填写的项目要逐项填写，不可缺漏；名称要写全，不要简化；品名和用途要填写明确，不能含糊不清；有关部门和人员的签名和盖章必须齐全。

（3）手续要完备。单位自制的原始凭证必须有经办业务的部门和人员签名盖章；对外开出的凭证必须加盖本单位的公章或财务专用章；从外部取得的原始凭证必须有填制单位公章或财务专用章。

（4）填制要及时。所有业务的有关部门和人员，在经济业务实际发生或完成时，必须及时填写原始凭证，做到不拖延、不积压，不事后补填，并按规定的程序审核。

（5）编号要连续。原始凭证要顺序连续或分类编号，在填制时要按照编号的顺序使用，跳号的凭证要加盖"作废"戳记，连同存根一起保管，不得撕毁。

（6）书写要规范。原始凭证中的文字、数字的书写都要清晰、工整、规范，做到字迹端正、易于辨认，不草、不乱、不造字。大小写金额要一致并且书写规范，小写金额用阿拉伯数字逐个书写，不得写连笔字，在金额前填写人民币符"￥"，中间不能留有空白。

学以致用

工作场景：

药剂班的李英在友邦药业有限责任公司一分公司从事营业员工作。一天，店里突然来了一个客户，买了许多保健品，并要求开具增值税专用发票。店里这工作一直由店长负责，其他营业员都不会，这几天恰巧店长在外地休假，可客户等不急，这下可把经理难倒了，李英主动向经理提出让她试试，结合着她学过的会计学知识，她根据购货方的详细概况很熟练地开具了一张增值税专用发票，李英这一举动，让经理觉得她不仅是个懂得药品知识的营业员，而且还具备担任店长的综合素质。

知识运用：

1. 原始凭证的基本内容。

2. 原始凭证的填制要求。

2. 原始凭证填制实例

【经济业务3-1】白云药业有限责任公司2013年7月发生以下经济业务：

资料1：18日白云药业有限责任公司向某公司销售转移因子1000盒，单价30元，价值30 000元，增值税5100元，款项收存银行。

资料2：30日白云药业有限责任公司从制药厂采购小儿感冒颗粒、利巴韦林各500盒，单价分别为 12 元、10 元,验收入库。

请根据资料 1 填制原始凭证(增值税专用发票),具体格式详见表 3-6 所示。

表 3-6　厦门增值税专用发票

购货单位	名称:海欣药业有限责任公司 纳税人识别人号:350203801083020 地址、电话:北京路 14 号　　0592-7922003 开户行及账号:农行汉阳支行 38803065046						
货物或应税劳务名称	规格型号	单位	数量	单价(元)	金额(元)	税金
转移因子	10ml	盒	1000	￥30	￥30 000	￥5100
价税合计(大写)	叁万伍仟壹佰元整　　￥35 100.00					
销货单位	名称:白云药业有限责任公司 纳税人识别号:3402027910820090 地址、电话:华隆路 14 号　　0592-7003114 开户行及账号:厦门分行长虹支行 65303066048				备注	

收款人:李华　　　　　　复核:钟霞　　　　　　开票人:王丽　　　　　　销售单位(章)

请根据资料 2 填制入库单,具体格式详见表 3-7 所示。

表 3-7　白云药业有限责任公司商品入库单

供货单位:海欣药业有限责任公司

编号	品名	单位	规格、型号	数量	单位成本(元)	金额(元)
1	小儿解感颗粒	盒	2.5g	500	12	6000
2	利巴韦林	盒	50mg	500	10	5000
合　　　计						11 000

主管:李军　　　　会计:钟霞　　　　保管:王华　　　　验收:陈刚　　　　制单:王丽

(四)原始凭证的审核

原始凭证的审核,是会计监督工作的一个重要环节,一般应从以下几个方面进行:

1. 真实性　原始凭证的真实性对会计信息的质量至关重要,其真实性的审核包括凭证日期是否属实、业务内容是否真实、数据是否真实等。

2. 合法性　审核原始凭证所记录的经济业务是否有违法的情况,是否履行了规定的凭证传递和审核程序,是否有贪污腐化等行为。

3. 合理性　审核原始凭证所记录经济业务是否符合企业生产经营活动的需要、是否符合有关的计划和预算等。

4. 完整性　审核原始凭证各项基本要素是否齐全,是否有漏项情况,日期是否完整,数字是否清晰,文字是否工整,有关人员的签章是否齐全,凭证联次是否正确等。

5. 正确性　审核原始凭证各项金额的计算及填写是否正确;凭证中有书写错误的,应采用正确的方法更正,不能采用涂改、刮擦、挖补等不正确的方法。

6. 及时性　原始凭证的及时性是保证会计信息及时性的基础。因此,要求在经济业务发生或完成时及时填制有关原始凭证,及时进行凭证的传递。原始凭证经过审核后,对于符合要求的原始凭证,及时编制记账凭证并登记账簿;对于手续不完备、内容记载不全或数字计算不正确的原始凭证,应退回有关经办部门或人员补办手续或更正;对于伪造、涂改或经济业务不合法的凭证,应拒绝受理,并向本单位领导汇报,提出拒绝执行的意见;对于弄虚作假、营私舞弊、伪造涂改凭证等违法乱纪行为,必须及时揭露并严肃处理。

 知识链接

原始凭证遗失的处理方法

从外来单位取得的原始凭证如有遗失,应当取得原开出单位盖有公章的证明,并注明原始凭证的号码、金额和内容等,由经办单位会计机构负责人、会计主管人员和单位领导人批准后,才能代作原始凭证。如果确实无法取得证明的,如火车、轮船、飞机票等,由当事人写出详细情况,由经办单位会计机构负责人、会计主管人员和单位领导人批准后,代作原始凭证。自制的原始凭证应当重新填制。

二、记账凭证的填制和审核

(一)记账凭证的基本内容

记账凭证是会计人员根据审核后的原始凭证进行归类、整理,并确定会计分录而编制的会计凭证,是登记账簿的依据。

记账凭证必须具备以下内容:

1. 记账凭证的名称。

2. 填制凭证的日期、凭证编号。

3. 经济业务的内容摘要。

4. 经济业务应记入账户的名称、记账方向和金额。

5. 所附原始凭证的张数和其他附件资料。

6. 会计主管、记账、复核、出纳、制单等有关人员签名或盖章。

(二)记账凭证的种类

记账凭证按填制方式可分为复式记账凭证和单式记账凭证。

1. 复式记账凭证 复式记账凭证是指将每一笔经济业务事项所涉及的全部会计科目及其发生额均在同一张凭证中反映的一种记账凭证。复式记账凭证优点是可以集中反映账户的对应关系,有利于了解经济业务的全貌;同时还可以减少凭证的数量,减轻编制记账凭证的工作量,便于检验会计分录的正确性。其缺点是不便于汇总计算每一会计科目的发生额和进行分工记账。在实际工作中,普遍使用的是复式记账凭证。

复式记账凭证按用途可分为专用记账凭证和通用记账凭证两种。

(1)专用记账凭证按其反映的经济内容不同,可分为收款凭证、付款凭证、转账凭证三种。

①收款凭证:是指专门用于记录现金和银行存款收款业务的会计凭证,收款凭证是出纳人员收讫款项的依据,也是登记总账、现金日记账和银行存款日记账以及有关明细账的依据,一般按现金和银行存款分别编制。收款凭证的格式详见表3-8所示。

表3-8 收款凭证

借方科目： 年 月 日

字第_____号
附件_____张

摘要	贷方科目		金额								记账符号
	总账科目	明细科目	十万	万	千	百	十	元	角	分	
合　计											

会计主管　　　　　　　审核　　　　　　　　　　　记账　　　　　　　　制单

注：收款凭证左上角的"借方科目"按收款的性质填写"库存现金"或"银行存款"；日期填写的是编制本凭证的日期；右上方为收款凭证的编号，应按顺序填写，即"现收字第1号"、"银收字第1号"；右上方"附件　张"是指此记账凭证所附原始凭证的张数；"摘要"填写所记录的经济业务的简要说明；"贷方科目"填写与库存现金或银行存款相对应的会计科目；"记账符号"是指该凭证已登记账簿的标记；防止经济业务事项漏记或重记，一般填写"√"；"金额"是指该笔经济业务的发生额；最下面是有关人员的会计签章。

【经济业务3-2】2013年10月10日，白云药业有限责任公司销售甲、乙两种药品，各获得销售收入为20 000元和30 000元，该笔货款存入银行，制作银行收款凭证，详见表3-9所示。

表3-9 收款凭证

借方科目：银行存款　　　　　　　　2013 年 10 月 10 日

银收字第__6__号
附件__1__张

摘要	贷方科目		金额								记账符号
	总账科目	明细科目	十万	万	千	百	十	元	角	分	
销售甲、乙产品,货款存入银行	主营业务收入	甲产品	¥ 2	0	0	0	0	0	0		√
		乙产品	¥ 3	0	0	0	0	0	0		√
合　计			¥ 5	0	0	0	0	0	0		

会计主管 李军　　　　　　审核 钟霞　　　　　　　记账 赵明　　　　　　制单 王丽

②付款凭证：是指专门用于记录现金和银行存款付款业务的会计凭证。付款凭证是出纳人员支付款项的依据，也是登记总账、现金日记账和银行存款日记账以及有关明细账的依据，一般按现金和银行存款分别编制。付款凭证格式详见表3-10所示。

表 3-10　付款凭证

字第＿＿＿＿号
附件＿＿＿＿张

贷方科目：　　　　　　　　　　年　　月　　日

摘要	贷方科目		金额								记账符号
	总账科目	明细科目	十万	万	千	百	十	元	角	分	
合　计											

会计主管　　　　　　　审核　　　　　　　　记账　　　　　　　制单

　　注：付款凭证左上角的"贷方科目"按付款的性质填写"库存现金"或"银行存款"；日期填写的是编制本凭证的日期；右上方为付款凭证的编号，应按顺序填写，即"现付字第 1 号"、"银付字第 1 号"；右上方的"附件＿＿＿张"是指此记账凭证所附原始凭证的张数；"摘要"填写所记录的经济业务的简要说明；"贷方科目"填写与库存现金或银行存款相对应的会计科目；"记账符号"是指该凭证已登记账簿的标记；防止经济业务事项漏记或重记，一般填写"√"；"金额"是指该笔经济业务的发生额；最下面是有关人员的会计签章。

　　【经济业务 3-3】2013 年 10 月 16 日，白云药业销售部门的王经理出差预支现金 6000 元。编制库存现金付款凭证，详见表 3-11 所示。

表 3-11　付款凭证

现付字第＿3＿号
附件＿2＿张

贷方科目：库存现金　　　　　　　2013 年 10 月 10 日

摘要	贷方科目		金额								记账符号
	总账科目	明细科目	十万	万	千	百	十	元	角	分	
王经理出差预支现金 6000 元	其他应收款	王经理	¥	6	0	0	0	0	0		√
合计			¥	6	0	0	0	0	0		

会计主管　李军　　　　审核　钟霞　　　　　记账　赵明　　　　　制单　王丽

课堂活动

　　刚才大家学了什么是收款凭证和付款凭证，请问同学们这两种格式的主要区别在哪里？

③转账凭证:是指专门用于记录不涉及现金和银行存款收付款业务的会计凭证。它是登记总账和有关明细账的依据。转账凭证的格式详见表3-12所示。

表3-12 转账凭证

年 月 日 转字 号

摘要	总账科目	明细科目	借方							贷方							记账签章
			万	千	百	十	元	角	分	万	千	百	十	元	角	分	
合计金额																	

会计主管　　　　审核　　　　　　记账　　　　　制单

注:转账凭证与收款、付款凭证编制略有不同,它按照先借后贷的顺序将所涉及的会计科目全部列入转账凭证之内。"金额"也按照应借、应贷方向分别记入"借方"或"贷方"栏。其他项目的填写与收、付款凭证基本相同。

【经济业务3-4】2013年10月20日,白云药业购买灭菌仪器价值15 000元,该药企签发一张半年期限银行汇票支付设备款。编制转账凭证,详见表3-13所示。

表3-13 转账凭证

2013年10月20日 转字第3号

摘要	总账科目	明细科目	借方							贷方							记账签章
			万	千	百	十	元	角	分	万	千	百	十	元	角	分	
购买灭菌设备一台	固定资产	专用设备	1	5	0	0	0	0	0								√
	应付票据									1	5	0	0	0	0	0	√
合计金额			1	5	0	0	0	0	0	1	5	0	0	0	0	0	

会计主管 李军　　　　审核 钟霞　　　　　记账 赵明　　　　　制单 王丽

收款凭证、付款凭证和转账凭证分别用以记录现金、银行存款收款业务、付款业务和转账业务(与现金、银行存款收支无关的业务)。为了便于识别,各种凭证印制成不同的颜色。在会计实务中,对于现金和银行存款之间的收付款业务,为了避免记账重复,一般只编制付款凭证,不编制收款凭证。

(2)通用记账凭证是用以记录各种经济业务的记账凭证,记账凭证的格式详见表3-14。

表 3-14　记账凭证

年　　月　　日　　　　　　　　　　　　　　第　　号

摘要	会计科目		记账签章	借方金额	贷方金额
	一级科目	明细科目			
合　　计					

会计主管　　　　　　　审核　　　　　　　　记账　　　　　　　　制单

注：填制记账凭证是在借贷记账法下，将经济业务所涉及的会计科目全部填列在"借方余额"或"贷方余额"栏内。借、贷方金额合计数应相等。制单人应在填制凭证完毕后签名盖章，并在凭证上方填写所附原始凭证的张数。所涉及货币资金收、付业务的记账凭证是由出纳员根据审核无误的原始凭证收、付款后填制，涉及转账业务的记账凭证，是由有关会计人员根据审核无误的原始凭证填制。

【经济业务 3-5】2013 年 10 月 22 日，白云药业有限责任公司收到中华药厂之前所欠的货款 100 000 元，该笔货款直接以银行转账的方式存入了白云药业有限责任公司的银行账户，根据此笔经济业务填制记账凭证，详见表 3-15 所示。

表 3-15　记账凭证

2013 年 10 月 22 日　　　　　　　　　　　　　　　　第 18 号

摘要	会计科目		记账签章	借方金额	贷方金额
	一级科目	明细科目			
收到中华药厂前欠款	银行存款			100 000	
	应收账款	中华药厂			100 000
合计				100 000	100 000

会计主管 李军　　　　　　审核 钟霞　　　　　　记账 赵明　　　　　　制单 王丽

2. 单式记账凭证　单式记账凭证是在每张凭证上只填列经济业务事项所涉及的一个会计科目及其金额的记账凭证。单式凭证的优点是内容单一，便于记账工作的分工，也便于按科目汇总，并可加速凭证的传递。其缺点是凭证张数多，内容分散，在一张凭证上不能完整地反映一笔经济业务的全貌，不便于检验会计分录的正确性，故需加强凭证的复核、装订和保管工作。

（三）记账凭证的填制

填制记账凭证是一项重要的会计工作，为了便于登记账簿，保证账簿记录的正确性，填制记账凭证应符合以下要求：

1. 完整性。记账凭证的各项内容是否按规定的要求填写完整。

2. 清晰性。记账凭证中的记录是否文字工整、数字清晰，是否按规定进行填写等。

3. 连续性。记账凭证应连续编号,一笔经济业务需要填制两张以上记账凭证的,可以采用分数编号法编号。如第 4 笔经济业务涉及多个会计科目、三张记账凭证时,编号则为 4 1/3,4 2/3,4 3/3。

4. 记账凭证可以根据每一张原始凭证填制,或根据若干张同类正确的原始凭证汇总编制,但不得将不同内容和类别的原始凭证汇总填制在一张记账凭证上。

5. 除结账和更正错误的记账凭证可以不附原始凭证外,其他记账凭证必须附有原始凭证并且注明所附原始凭证的张数。如果一张原始凭证所列的支出需要由几个单位共同负担,应当由保存该原始凭证的单位开具原始凭证分割单给其他应负担的单位。

6. 填制记账凭证时若发生错误应当重新填制。已登记入账的记账凭证在当年内发现填写错误时,可以采用红字更正法、补充登记法进行更正。此处内容会在错账更正中予以介绍。

7. 记账凭证填制完毕后,如有空行,应当自金额栏最后一笔金额数字下的空行处至合计数上的空行处划线注销。

 案例分析

案例:

2013 年 9 月 10 日,白云药业有限责任公司从银行转账支付甲纸箱厂 10 000 元原材料,甲纸箱厂也提供了相应的发票,可该发票未盖章,会计人员王某将这笔经济业务的发票做了付款凭证的附件。请问这种做法正确吗? 应该怎样做?

分析:

会计人员王某将这笔经济业务的发票做了付款凭证的附件这种做法是不正确的。根据《会计基础工作规范》的规定,从外单位取得的原始凭证,必须盖有填制单位的公章。没有加盖填制单位的公章就视为"白条","白条"作为付款凭证是不符合财务制度的,填制记账凭证也应根据正确的原始凭证填制。

(四) 记账凭证的审核

记账凭证审核的基本内容包括以下几项:

1. 内容真实　审核记账凭证是否有原始凭证为依据,所附原始凭证的内容是否与记账凭证的内容一致,记账凭证汇总表的内容与其所依据的记账凭证的内容是否一致。

2. 项目完整　审核记账凭证各项目的填写是否完整,如日期、凭证编号、摘要、金额、所附原始凭证张数及有关人员签章等。

3. 科目准确　审核记账凭证的应借、应贷科目是否正确,是否有明确的账户对应关系,所使用的会计科目是否符合国家统一的会计制度的规定等。

4. 金额正确　审核记账凭证所记录的金额与原始凭证的有关金额是否一致、计算是否正确,记账凭证汇总表的金额与记账凭证的金额合计是否相符等。

5. 书写规范　审核记账凭证中的记录是否文字工整、数字清晰,是否按规定进行更正等。

在审核过程中,如果发现不符合要求的地方,应要求有关人员采取正确的方法进行更正。只有经过审核无误的记账凭证,才能作为登记账簿的依据。

点滴积累

1. 原始凭证和记账凭证的基本内容。
2. 原始凭证可按来源分类,按其填制方法不同分类,按其格式不同分类。
3. 原始凭证的填制要求注意六个问题。
4. 原始凭证的审核要求:真实性、合法性、合理性、完整性、正确性、及时性。
5. 记账凭证可按填制方式分类,复式记账凭证可按用途分类,专用记账凭证可按其反映的经济内容不同分类。
6. 记账凭证的填制要求注意七个问题。
7. 记账凭证的审核要求:内容真实、项目完整、科目准确、金额正确、书写规范。

第三节 会计凭证的传递与保管

课堂活动

　　前面我们给大家介绍了什么是会计凭证,会计凭证分为哪些,它们又是如何填制和审核的,现在我请问同学们会计凭证该如何传递和保管呢?

一、会计凭证的传递

　　会计凭证的传递,是指从会计凭证取得或填制起至归档保管时止,在单位内部有关部门和人员之间按照规定的时间、程序进行处理的过程。各种会计凭证,它们所记载的经济业务不同,涉及的部门和人员不同,办理的业务手续也不同,因此,应当为各种会计凭证规定一个合理的传递程序,即一张会计凭证填制后应交到哪个部门,哪个岗位,由谁办理业务手续等,直到归档保管为止。

　　会计凭证传递的基本要求:

　　1. 根据经济业务的特点、机构设置和人员分工情况,明确会计凭证的传递程序。

　　由于企业生产经营业务的内容不同,企业管理的要求也不尽相同,在会计凭证的传递过程中,要根据具体情况,确定每一种凭证的传递程序和方法。合理制订会计凭证所经过的环节,规定每个环节负责传递的相关责任人员,规定会计凭证的联数以及每一联凭证的用途。做到既可使各有关部门和人员了解经济活动情况、及时办理手续,又可避免凭证经过不必要的环节,以提高工作效率。

　　2. 规定会计凭证经过每个环节所需要的时间,以保证凭证传递的及时性。

　　会计凭证的传递时间,应考虑各部门和有关人员的工作内容和工作量在正常情况下完成的时间,明确规定各种凭证在各个环节上停留的最长时间,不能拖延和积压会计凭证,以免影响会计工作的正常程序。一切会计凭证的传递和处理,都应在报告期内完成,不允许跨期,否则将影响会计核算的准确性和及时性。

二、会计凭证的保管

会计凭证的保管是指会计凭证记账后的整理、装订、归档和存查工作。

会计凭证整理保管的要求有：

1. 各种记账凭证，连同所附原始凭证和原始凭证汇总表，要分类按顺序编号，定期（一天、五天、十天或一个月）装订成册，并加具封面、封底，注明单位名称、凭证种类、所属年月和起迄日期、起止号码、凭证张数等。为防止任意拆装，应在装订处贴上封签，并由经办人员在封签处加盖骑缝章。

2. 对一些性质相同、数量很多或各种随时需要查阅的原始凭证，可以单独装订保管，在封面上写明记账凭证的时间、编号、种类，同时在记账凭证上注明"附件另订"。

3. 各种经济合同和重要的涉外文件等凭证，应另编目录，单独登记保管，并在有关原始凭证和记账凭证上注明。

4. 其他单位因有特殊原因需要使用原始凭证时，经本单位领导批准，可以复制，但应在专门的登记簿上进行登记，并由提供人员和收取人员共同签章。

5. 会计凭证装订成册后，应有专人负责分类保管，年终应登记归档。会计凭证的保管期限和销毁手续，应严格按照《会计档案管理办法》进行管理。每年装订成册的会计凭证，在年度终了时可暂由单位会计机构保管一年，期满后应当移交本单位档案机构统一保管。

6. 会计凭证在归档后，应按年月日顺序排列，以便查阅。对已归档凭证的查阅、调用和复制，都应得到批准，并办理一定的手续。会计凭证在保管中应防止霉烂破损和鼠咬虫蛀，以确保其安全和完整。

 点滴积累

1. 会计凭证的传递，是指从会计凭证取得或填制起至归档保管时止，在单位内部有关部门和人员之间按照规定的时间、程序进行处理的过程。
2. 会计凭证传递的基本要求注意两个问题。
3. 会计凭证的保管是指会计凭证记账后的整理、装订、归档和存查工作。
4. 会计凭证整理保管的要求注意六个问题。

 目标检测

一、单项选择题

1. 开出转账支票支付购买材料价款 50 000 元时，应编制（　　　）

    A. 收款凭证　　　　　　　　B. 付款凭证　　　　　　　　C. 转账凭证

    D. 累计凭证　　　　　　　　E. 汇总凭证

2. 会计日常核算工作的起点是（　　　）

    A. 填制会计凭证　　　　　　　　　　B. 财产清查

    C. 设置会计科目和账户　　　　　　　D. 登记会计账簿

    E. 编制会计报表

3. 下列属于通用凭证的是（　　　）

A. 工资结算单　　　　　　　　　　B. 折旧计算表

C. 增值税专用发票　　　　　　　　D. 差旅费报销单

E. 工资费用分配表

4. 根据连续反映某一时期内不断重复发生而分次进行的特定业务编制的原始凭证有
（　　　）

A. 一次凭证　　　　　　　　　　　B. 累计凭证

C. 记账凭证　　　　　　　　　　　D. 发出材料汇总

E. 工资结算汇总

5. 不符合原始凭证基本要求的是（　　　）

A. 从个人取得的原始凭证,必须有填制人员的签名盖章

B. 原始凭证不得刮擦、挖补

C. 上级批准的经济合同,应作为原始凭证

D. 大写和小写金额必须相等

E. 对外开出的凭证必须加盖本单位的公章或财务专用章

二、多项选择题

1. 属于原始凭证的有（　　　）

A. 领料单　　　　　　B. 发票　　　　　　C. 火车票

D. 税票　　　　　　　E. 飞机票

2. 下列业务中应该编制收款凭证的是（　　　）

A. 购买原材料用银行存款支付　　　B. 收到销售商品的款项

C. 购买固定资产,款项尚未支付　　　D. 收到已到期的应收账款

E. 收到职工的归还借支款

3. 记账凭证必须具备以下内容有（　　　）

A. 记账凭证的名称

B. 填制凭证的日期、凭证编号

C. 经济业务的内容摘要

D. 经济业务应记入账户的名称、记账方向和金额

E. 所附原始凭证的张数和其他附件资料

4. 记账凭证按其填制方式可分（　　　）

A. 复式记账凭证　　　　　　　　　B. 单式记账凭证

C. 专用记账凭证　　　　　　　　　D. 通用记账凭证

E. 收款凭证

5. 原始凭证按来源可分（　　　）

A. 外来原始凭证　　　　　　　　　B. 自制原始凭证

C. 一次凭证　　　　　　　　　　　D. 汇总凭证

E. 专用记账凭证

三、简答题

1. 什么是会计凭证? 填制和审核会计凭证的意义是什么?

2. 会计凭证分为哪两类? 分别写出这两类凭证的定义。

3. 什么是原始凭证? 简述其分类。

4. 记账凭证按其填制的方法不同可分为哪几类?

5. 试述原始凭证和记账凭证具备哪些内容?

6. 什么是会计凭证传递?

（赖玉玲）

第四章 会计账簿

学习目标

1. 掌握会计账簿的种类、格式、登记方法。
2. 熟悉错账更正的方法、对账和结账。
3. 了解会计账簿的概念、基本内容、登记要求及平行登记。

第一节 会计账簿概述

一、会计账簿的概念

账簿是根据会计科目开设户头,以会计凭证为依据,用来全面、连续、系统地记录各项经济业务的簿籍,由具有一定格式的相互联结的账页组成。通过账簿的设置和登记可以把分散在会计凭证中的大量核算资料加以归类整理;提供系统、完整的会计信息,为编制会计报表提供依据;作为考核单位经营情况的重要依据;汇集、加工会计信息,是经济活动情况的数据库,利用账簿可有效开展会计检查和分析。

知识链接

会计账簿与账户的关系

账户存在于账簿之中,账簿中的每一账页就是账户的存在形式和载体,没有账簿,账户就无法存在;账簿序时、分类地记载经济业务,是在个别账户中完成的。因此,账簿只是一个外在形式,账户才是它的真实内容。账簿与账户的关系是形式和内容的关系。

二、会计账簿的种类

账簿的种类繁多,不同的账簿其用途、形式、内容和登记方法都各不相同。为了更好地了解和使用各种账簿,有必要对账簿进行分类。账簿可以根据其用途、外表形式、账页格式等不同进行分类。

（一）根据账簿的用途不同分类

账簿根据用途不同分为序时账簿、分类账簿和备查账簿。

1. 序时账簿　也称日记账,是根据经济业务完成时间的先后顺序逐日逐笔进行登记的账簿。日记账分为普通日记账和特种日记账。普通日记账是将企业每天发生的所有经济业务,不论其性质如何,根据其先后顺序,编成会计分录记入账簿;特种日记账是根据经济业务性质单独设置的账簿,它只把特定项目根据经济业务顺序记入账簿,反映其详细情况,如库存现金日记账和银行存款日记账。特种日记账的设置,应根据业务特点和管理需要而定,特别是那些发生频繁、需严加控制的项目,应予以设置。

2. 分类账簿 是对全部经济业务根据总分类账和明细分类账进行分类登记的账簿。总分类账簿,简称总账,是根据总账科目开设账户,用来分类登记全部经济业务,提供总括核算资料的账簿。明细分类账簿,简称明细账,是根据总账科目所属明细科目开设账户,用以分类登记某一类经济业务,提供明细核算资料的账簿。

3. 备查账簿 又称辅助账簿,是对某些在日记账和分类账等主要账簿中未能记载的会计事项或记载不全的经济业务进行补充登记的账簿。备查账簿的设置应视实际需要而定,并非一定要设置,而且没有固定格式。

(二) 根据账簿的外表形式不同分类

账簿根据外表形式不同分为订本式账簿、活页式账簿和卡片式账簿。

1. 订本式账簿 是把具有一定格式的账页加以编号并订成固定本册的账簿。它可以避免账页的散失或被抽换,但不能根据需要增减账页。一本订本账同一时间只能由一人记账,不便于会计人员分工协作记账,也不便于计算机打印记账。但特种日记账,如库存现金日记账、银行存款日记账以及总分类账必须采用订本账。

2. 活页式账簿 是把零散的账页装在账夹内,可以随时增添账页的账簿。它可以根据需要灵活添页或排列,但账页容易散乱丢失。活页账由于账页并不事先固定装订在一起,同一时间可以由若干会计人员分工记账,也便于计算机打印记账。一般明细账都采用活页账。

3. 卡片式账簿 是将硬卡片作为账页,存放在卡片箱内保管的账簿。它实际上是一种活页账,为了防止因经常抽取造成破损而采用硬卡片形式,可以跨年度使用,如固定资产明细账常采用卡片账。

(三) 根据账簿的账页格式不同分类

账簿根据账页格式不同分为三栏式账簿、多栏式账簿、数量金额式账簿和横线登记式账簿等。

1. 三栏式账簿 是指设有借方、贷方和余额三个基本栏目的账簿。一般适用于日记账、总账和只需要进行金额核算而不需要进行数量核算的明细账。

2. 多栏式账簿 是指在借方、贷方两个基本栏目上根据需要分设若干专栏的账簿,以提供明细项目的详细资料。但专栏设在借方还是贷方,根据实际需要来定。它适用于有关费用、成本和利润的明细账。

3. 数量金额式账簿 是指在借方、贷方和余额三个基本栏目内又分别设置数量、单价、金额三个栏目,借以反映财产物资的实物数量和价值量。它适用于既要进行金额核算,又要进行数量核算的账户,如原材料、库存商品等明细账。

4. 横线登记式账簿 是账户从借方到贷方的同一行内,记录某一经济业务从发生到结束的所有事项。这种账户一般适用于需要逐笔结算经济业务的明细账,如其他应收款—备用金明细账等。

综上所述,会计账簿的分类如图 4-1 所示。

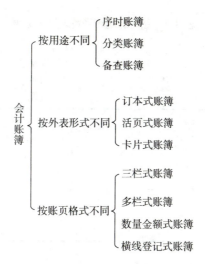

图 4-1　会计账簿分类示意图

 点滴积累

1. 账簿是根据会计科目开设户头，以会计凭证为依据，用来全面、连续、系统地记录各项经济业务的簿籍，由具有一定格式的相互联结的账页组成。
2. 会计账簿的种类：
(1) 账簿根据用途不同分为序时账簿、分类账簿和备查账簿。
(2) 账簿根据外表形式不同分为订本式账簿、活页式账簿和卡片式账簿。
(3) 账簿根据账页格式不同分为三栏式账簿、多栏式账簿、数量金额式账簿和横线登记式账簿。

第二节　会计账簿的设置和登记

一、会计账簿的基本内容及登记要求

(一) 会计账簿的基本内容

账簿的格式多种多样，不同格式的账簿所包括的具体内容也是不尽相同的。但各种账簿都应具备以下基本内容：

1. 封面　主要标明账簿的名称和记账单位名称。

2. 扉页　填明启用的日期和截止的日期、页数、册次、账簿启用和经管人员一览表（表 4-1）和签章、会计主管签章、账户目录等。

3. 账页　账页是账簿用来记录具体经济业务的载体，其格式因记录经济业务的内容不同而有所不同，但基本内容应包括：①账户的名称；②登记账户的日期栏；③凭证种类和号数栏；④摘要栏（简要说明所记录的经济业务内容）；⑤金额栏（借方、贷方和余额栏）；⑥总页次和分户页次。格式详见表 4-2 所示。

4. 封底　没有内容，与封面一起起到保护账页的作用。

表 4-1 账簿启用和经管人员一览表

单位名称：   账簿名称：
账簿编号：   账簿册数：
账簿页数：   启用日期：
会计主管：   记账人员：

移交日期			移交人签章	接管日期			接管人签章	会计主管签章
年	月	日		年	月	日		

表 4-2 其他应收款明细分类账

明细科目：   第 页

2013年		凭证字号	摘要	借方	贷方	借或贷	余额
月	日						
6	1		期初余额			借	400
6	6	1	报销差旅费及收回借款		400	平	0
			......				

（二）会计账簿的登记要求

会计人员应当根据审核无误的会计凭证及时地登记会计账簿。登记账簿的具体要求主要包括：①应当将会计凭证的日期、编号、摘要、金额等资料逐项记入账内，同时在记账凭证上签章并注明已记账的标记，以避免重记或漏记；②必须用蓝黑墨水或碳素墨水书写，不许用铅笔或圆珠笔记账，除结账、改错、冲销记录外不能用红色墨水；③按页次顺序连续登记，不得跳行、隔页；④文字或数字不能顶格书写，一般只占格距的二分之一，以便改错；登错的记录应采用正确的方法进行更正，不得刮擦、挖补、涂改，也不允许重抄；⑤在一张账页登记完毕结转下页时，应结出本页合计数和余额，并在摘要栏内分别注明"转次页"和"承前页"等字样；⑥需要结出余额的账户，结出余额后应在"借或贷"栏写"借"或"贷"字；若没有余额则写"平"字，并在余额栏内用"0"表示；⑦实行会计电算化的单位，总账和明细账应当定期打印；发生收款和付款业务的，在输入收款凭证和付款凭证的当天必须打印出库存现金日记账和银行存款日记账，并与库存现金核对无误。

二、会计账簿的格式及登记方法

（一）日记账的格式与登记方法

1. 库存现金日记账的格式与登记方法 库存现金日记账是由出纳员根据库存现金的收、付款凭证和与库存现金有关的银行存款付款凭证（从银行提取库存现金的业务），逐日逐笔顺序登记的。它一般采用三栏式账簿，也有的单位采用多栏式账簿。

三栏式库存现金日记账设有借方、贷方和余额三个基本的金额栏。格式详见表4-3所示。

表4-3 库存现金日记账(三栏式)

第　页

2013年		凭证字号	摘要	对方科目	借方	贷方	余额
月	日						
6	1		期初余额				700
6	3	略	预付差旅费	其他应收款		600	100
6	3	略	废品收入	营业外收入	100		200
			……				

库存现金日记账中的"年月日"、"凭证字号"、"摘要"、"对方科目"均根据库存现金收款凭证或付款凭证逐日逐笔进行登记。"借方"栏根据库存现金收款凭证登记,"贷方"栏根据库存现金付款凭证登记。但对于从银行提取库存现金的业务,因只填制银行存款付款凭证,所以提取库存现金的金额,根据银行存款付款凭证记入库存现金日记账的"借方"栏。每日终了,应当结出库存现金借方和贷方的合计数及余额,并将余额数与库存现金实存数核对,做到账实相符,日清月结。

2. 银行存款日记账的格式与登记方法　银行存款日记账是由出纳员根据银行存款的收、付款凭证和与银行存款有关的库存现金付款凭证(库存现金存入银行的业务),逐日逐笔顺序登记的。

银行存款日记账应根据开户银行和存款种类不同分别设置明细账。银行存款日记账的格式一般为三栏式账簿,但也有多栏式账簿。三栏式银行存款日记账格式与三栏式库存现金日记账基本相同,不再列示。

银行存款日记账中的"年月日"、"凭证字号"、"摘要"、"对方科目"等栏目,均应根据银行存款的收款凭证或付款凭证逐日逐笔进行登记。"借方"栏根据银行存款收款凭证登记,"贷方"栏根据银行存款付款凭证登记。但对于将库存现金存入银行的业务,因只填制库存现金付款凭证,所以将库存现金存入银行的数额,根据库存现金付款凭证记入银行存款日记账的"借方"栏。每日终了,应当结出存款余额。银行存款日记账应定期与银行对账单核对,至少每月核对一次。月份终了,单位账面结余数与银行对账单余额之间如有差额,必须逐笔查明原因进行处理,并按月编制"银行存款余额调节表"。

课堂活动

1. 现金日记账中的"借方"栏除根据现金收款凭证登记外,还依据哪类凭证登记?为什么?

2. 银行存款日记账中的"借方"栏除根据银行存款收款凭证登记外,还依据哪类凭证登记?为什么?

(二)总分类账的格式与登记方法

总分类账簿,简称总账,是根据总账科目开设账户,用来分类登记全部经济业务,提供总括核算资料的账簿,对明细账起着统驭控制作用。其格式一般采用三栏式,即借方、贷方、余额,格式详见表4-4所示。

表4-4 原材料（总账）

第　　页

2013年		凭证字号	摘要	借方	贷方	借或贷	余额
月	日						
6	1		期初余额			借	20 000
6	4	略	购入	44 000		借	64 000
6	12	略	购入	15 000		借	79 000
6	15	略	生产领用		58 000	借	21 000
			……				

　　总分类账的登记方法取决于单位采用的账务处理程序。既可以根据记账凭证逐笔登记，也可以根据科目汇总表或汇总记账凭证登记（详见第六章账务处理程序）。

　　（三）明细分类账的格式与登记方法

　　明细分类账能够提供某一类经济业务详细情况的资料，并对其所隶属的总账起补充说明和核对作用。明细分类账的账页格式一般有"三栏式"、"多栏式"、"数量金额式"和"横线登记式"。

　　1. 三栏式明细账　其格式与总账基本相同，设有借方、贷方和余额三个栏目，不设数量栏。适用于只反映金额的经济业务，它一般记录只有金额而没有实物数量的经济业务，如应收账款、应付账款、短期借款等明细科目，其格式如表4-2所示。

　　三栏式明细账中的"年月日"、"凭证字号"、"摘要"、"借方"、"贷方"等栏，根据记账凭证及其所附原始凭证汇总表逐笔进行登记。

　　2. 多栏式明细账　多栏式明细账是根据经济业务的特点和经营管理的要求，在某一总分类账项下，对属于同一级会计科目的明细项目设置若干栏目，用以在同一张账页中集中反映各有关明细项目的详细资料。它主要适用于生产成本、制造费用、管理费用、本年利润等科目的明细核算。由于各种多栏式明细账所记录的经济业务内容不同，所需要核算的指标也不同，因此，栏目的设置也不尽相同。可以借方多栏式、贷方多栏式或借贷方多栏式，比如"生产成本明细账"，它是一个借方多栏式的明细账账页的格式。其格式详见表4-5所示。

表4-5 生产成本明细账

2013年		凭证字号	摘要	借方				
月	日			直接成本	直接人工	制造费用	……	合计
6	1	略	月初余额	6000	3400	1600		11 000
6	15	略	领用材料	13 000				24 000
6	16	略	生产工人工资		7400			31 400
6	17	略	生产用电费	1250				32 650
			……					

　　多栏式明细账中的"年月日"、"凭证字号"、"摘要"等栏，根据记账凭证及其所附原始凭证汇总表逐笔进行登记。借方多栏式明细账各明细项目的贷方发生额因其未设置贷方专

栏,则用红字登记在借方栏及明细项目专栏内,以表示对该项目金额的冲销及转出。贷方多栏式明细账各明细项目的借方发生额因其未设置借方专栏,则用红字登记在贷方栏及明细项目专栏内,以表示对该项目金额的冲销及转出。

 课堂活动

"主营业务收入"明细账应更适合借方多栏式还是贷方多栏式明细账账页格式?

3. 数量金额式明细账　数量金额式明细账是在借方、贷方和余额三个栏目下再分别设置数量、单价、金额三个栏目。它适用于既要进行金额核算又要进行数量核算的经济业务,如原材料、库存商品等。其格式详见表4-6所示。

表4-6　原材料明细账

类别:　　　　　　　　　　　　　　　　　　　　　　存放地点:
品名或规格:金银花　　　　　　　　　　　　　　　　编号:
储备定额:　　　　　　　　　　　　　　　　　　　　计量单位:kg

| 2013年 | | 凭证字号 | 摘要 | 收入（借方） | | | 发出（贷方） | | | 结存（余额） | | |
月	日			数量	单价	金额	数量	单价	金额	数量	单价	金额
6	1		期初余额							700	13	9100
6	4	略	购入	1500	13	19 500				2200	13	28 600
6	30	略	生产领用				1000	13	13 000	1200	13	15 600
			本月合计	1500	13	19 500	1000	13	13 000			

数量金额式明细账,以原始凭证为依据,根据经济业务发生的时间先后顺序逐日逐笔进行登记。数量栏根据实际入库、出库和结存的财产数量进行登记。入库单价栏和金额栏根据入库材料的单位成本登记。出库栏和结存栏中的单价栏和金额栏、登记时间、登记金额取决于企业所采用的期末存货计价方法。

4. 横线登记式明细账　横线登记式明细账是在账页的同一行内,记录某项经济业务从发生到结束的所有事项。如差旅费备用金的借支和报销收回情况等。这种账户一般适用于需要逐笔结算经济业务的明细账,如其他应收款—备用金明细账等。其格式详见表4-7所示。

表4-7　其他应收款—备用金明细账

第　　页

| 2013年 | | 凭证字号 | 摘要 | 借方金额 | 2013年 | | 凭证号 | 摘要 | 贷方金额 | | | 余额 |
月	日				月	日			报销	收回	合计	
6	10	3	于红借差旅费	800								
6	15	15	张军借差旅费	400	4	21	22	报销差旅费	380	20	400	0
			……									

案例分析

案例:

王方先生应聘一家公司的会计岗位,这家公司的所有会计账簿都使用活页账,记账发生错误允许使用涂改液。经过不到3个月的试用期,尽管这家公司的报酬高出其他类似公司,王方先生还是决定辞职。

分析:

库存现金、银行存款日记账必须要采用订本式账簿,而记录内容比较复杂的财产明细账,如固定资产卡片则需使用卡片式账簿,除此之外的明细账可以使用活页式账簿,该公司所有账簿都采用活页账显然不够规范。

发现账簿记录有错误,应按规定的方法进行更正,不得涂改、挖补或用涂改液消除字迹。更正错误的方法有划线更正法、红字更正法及补充登记法。显然,案例中的公司允许使用涂改液的做法是错误的。

总分类账户反映所属明细分类账户的总括资料,它对明细分类账户起着控制、统驭作用。明细分类账户是对总分类账户所作的详细分类,是对总分类账户内容的细项进行核算,对总分类账户起补充说明的作用。如"原材料"总账账户只能反映其收入、发出和结存的总金额,要了解具体是哪种材料,就必须在总账账户下开设明细账户,如"A 材料"、"B 材料"等。

三、总分类账户与明细分类账户的平行登记

尽管两者反映经济业务的详细程度不同,但核算的内容是相同的,登记的原始依据也是相同的。因此,总分类账户和明细分类账户应该进行平行登记。所谓平行登记,就是对每一项经济业务,都要以会计凭证为依据,既要记入有关总分类账户,又要记入其所属的明细账分类账户。平行登记既可以满足管理上对总括会计信息和详细会计信息的需求,又可以检验账户记录的完整性和正确性。

总分类账户与明细分类账户平行登记的要点可以概括为以下四个方面:

1. 依据相同 同一经济业务,登记总分类账户与明细分类账户时,都要以相同的会计凭证为依据,既登记有关总分类账户,又登记其所属明细分类账户。

2. 方向相同 同一经济业务,登记总分类账户和明细分类账户时,借贷方向必须一致。在登记总分类账户借方的同时,也要记入其所属明细分类账户的借方;登记总分类账户贷方的同时,也要记入其所属明细分类账户的贷方。

3. 期间相同 同一经济业务,在登记总分类账户和其所属明细分类账户过程中,不必同时进行,但必须在同一个会计期间全部完成。

4. 金额相等 记入总分类账户的金额,应与记入其所属明细分类账户的金额合计数相等。

课堂活动

在登记总分类账户和其所属明细分类账户时,要求期间相同,是指两者必须在同一天登记吗?

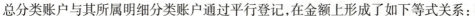

总分类账户与其所属明细分类账户通过平行登记,在金额上形成了如下等式关系:

(1)总分类账户借方(或贷方)发生额 = 所属各明细分类账户借方(或贷方)发生额之和。

(2)总分类账户借方(或贷方)余额 = 所属各明细分类账户借方(或贷方)余额之和。

以上两个平衡等式是检验总分类账户与其所属明细分类账户登记过程是否正确的理论依据。

四、对账及结账

(一) 对账

为了确保账簿记录的正确性,会计人员在记账之后,还必须进行账簿记录的核对,即对账。对账工作一般在月末进行,若遇特殊情况,如有关人员办理调动手续前或发生非常事件后,应随时进行对账。对账工作的主要内容包括:

1. 账证核对 账证核对就是将各种账簿记录与有关的会计凭证相核对,做到账证相符。账簿是根据审核无误的会计凭证登记的,但在实际工作中,由于种种原因仍然可能发生账证不符的情况。因此,记完账后,要将账簿记录与会计凭证进行核对。

2. 账账核对 账账核对就是在账证核对的基础上,将各种账簿之间的有关数字相核对,做到账账相符。账账核对的主要内容包括:

(1)总分类账户之间相核对:核对总分类账各账户的本期借方发生额合计数与贷方发生额合计数,期末借方余额合计数与贷方余额合计数,是否分别对应相等。

(2)总分类账与所属明细分类账相核对:总分类账各账户的本期发生额合计数和期末余额与所属明细分类账户的相应数字核对相符。

(3)总分类账与日记账相核对:现金日记账、银行存款日记账的本期发生额合计数及期末余额与现金、银行存款总账的相应数字核对相符。

(4)会计部门的各种实物明细账同财产物资保管、使用部门的明细账相核对,以检查其余额是否相符。

3. 账实核对 账实核对是在账账核对的基础上,将各种财产物资的账面余额与实有数额相核对,做到账实相符。账实核对的主要内容包括:

(1)现金日记账账面余额与库存现金实有数额相核对。

(2)银行存款日记账账面余额与银行对账单的余额相核对。

(3)各项财产物资明细账账面余额与财产物资的实有数额相核对。

(4)有关债权债务明细账账面余额与对方单位账面记录相核对。

课堂活动

对账工作一般应从哪几方面进行核对?

(二) 结账

结账就是把一定时期内所发生的经济业务,在全部登记入账的基础上,结算出每个账户的本期发生额和期末余额,并将期末余额转入下期或下年新账(期末余额结转到下期即为下期期初余额)。通过结账能够全面、系统地反映企业一定时期内发生的全部经济活动所引起的会计要素的增减变动情况及其结果;确定企业在各会计期间的净收益,便于企业合理地进行利润计算和分配、定期编制会计报表。

点滴积累

1. 会计账簿的基本内容包括封面、扉页、账页及封底。
2. 日记账、总分类账、明细分类账的格式及登记方法。
3. 总分类账户和明细分类账户平行登记的要点:依据相同、方向相同、期间相同、金额相等。
4. 对账的主要内容:账证核对、账账核对、账实核对。

第三节 错账更正方法

会计人员发现账簿记录错误时,应当根据错账的性质和具体情况采用正确的方法进行更正。更正错账的方法有划线更正法、红字更正法和补充登记法三种。

1. 划线更正法　划线更正法,又称红线更正法。在结账前发现账簿记录有文字或数字错误(过账笔误或计算错误),而记账凭证没有错误,可用划线更正法更正。更正时,先在错误的文字或数字正中划一条红线表示注销,必须保持划去的数字或文字清晰可辨,以便审查,然后在红线的上方用蓝字填写正确的文字或数字,并由记账人员在更正处盖章,以明确责任。但应注意:对于错误的数字应当全部划线更正,不得只更正其中的错误数字;对于文字错误,则可以只更正错误的部分。例如:过账时笔误,将 6460 元误记为 7560 元。这时采用划线更正法进行更正:应先将 7560 元划一条红线注销,然后在其上方空白处用蓝字填写正确的 6460 元,并在更正处盖章,而不能只将"75"更正为"64"。

2. 红字更正法　红字更正法,又称赤字冲账法。是指用红字冲销原有错误的账户记录或凭证记录,以更正或调整账簿记录的一种方法。一般有两种情况:

(1)记账后,发现记账凭证中应借、应贷会计科目有错误,从而引起账簿记录错误。更正的方法是:先用红字金额填制一张与原记账凭证完全相同的记账凭证,在摘要栏中注明"更正 × 月 × 日第 × 张凭证的错误",并据以用红字金额登记入账,冲销原有错误记录。然后再用蓝字填制一张正确的记账凭证,并据以登记入账。

【经济业务 4-1】生产 A 产品领用原材料一批,价值 6000 元。填制记账凭证时,误作如下记录,并已登记入账。

借:制造费用　　　　　　　　　　　　　　　　　　　6000
　贷:原材料　　　　　　　　　　　　　　　　　　　　　　6000

上述属于会计科目错误,误将"生产成本"科目记为"制造费用"科目。发现上述错误,更正时先用红字金额编制一张与原记账凭证完全相同的记账凭证,并据以用红字登记入账,冲销原错误记录。

借:制造费用　　　　　　　　　　　　　　　　　　　6000
　贷:原材料　　　　　　　　　　　　　　　　　　　　　　6000

然后用蓝字编制一张正确的记账凭证并登记入账,会计分录为:

借:生产成本　　　　　　　　　　　　　　　　　　　6000
　贷:原材料　　　　　　　　　　　　　　　　　　　　　　6000

（2）记账后，发现记账凭证和账簿记录中应借、应贷会计科目并无错误，只是所记金额大于应记金额。更正的方法是：根据多记金额用红字填制一张与原凭证相同的记账凭证，在摘要栏中注明"更正第 × 号凭证多记金额"，并据以用红字登记入账，以冲销多记金额。

如上述业务中的金额误记为 60 000 元，所用会计科目正确，并已登记入账。则更正时，根据多记金额 54 000 元，填制一张应借、应贷会计科目与原记账凭证相同的记账凭证；并据以用红字登记入账，以冲销多记金额。会计分录为：

借：生产成本　　　　　　　　　　　　　　　　　 54 000
　　贷：原材料　　　　　　　　　　　　　　　　　　 54 000

注：上述 □ 中的数字表示红字，后面的含义相同。

3. 补充登记法　补充登记法，又称补充更正法。记账后发现记账凭证和账簿记录中应借、应贷会计科目无错误，只是所记金额小于应记金额。更正的方法是：根据少记金额用蓝字填制一张与原记账凭证应借、应贷会计科目相同的记账凭证，在摘要栏中注明"补记第 × 号凭证少记金额"并据以登记入账，以补充少记的金额。

如上述业务中的金额误记为 600 元，所用会计科目正确，并已登记入账。更正时，根据少记金额 5400 元，用蓝字填制一张应借、应贷会计科目与原记账凭证相同的记账凭证，并据以登记入账，以补充少记的金额。会计分录为：

借：生产成本　　　　　　　　　　　　　　　　　 5400
　　贷：原材料　　　　　　　　　　　　　　　　　　 5400

以上几种错账更正方法，除划线更正法外，其余方法在填制更正的记账凭证时，均应在记账凭证的摘要栏内注明原记账凭证的日期和编号以及更正的理由，以便查核。

课堂活动

　　会计人员在填制记账凭证时，会计科目正确，将 650 元错记为 560 元，并且已登记入账，月末结账时发现此笔错账，更正时应采用何种更正法？

点滴积累

　　1. 更正错账的方法：划线更正法、红字更正法、补充登记法。
　　2. 划线更正法、红字更正法、补充登记法的适用范围。

第四节　会计账簿的更换和保管

一、会计账簿的更换

会计账簿的更换通常在新会计年度建账时进行。

总账、日记账和多数明细账应每年更换一次。在更换新账时，应将各账户的余额结转到新账簿第一行的余额栏内，并注明方向，同时在摘要栏内注明"上年结转"字样。

有些财产物资明细账和债权债务明细账由于材料品种、规格和往来单位较多，更换新账,重抄一遍的工作量较大,因此可以不必每年更换一次。对于部分变动较小的明细账,如固定资产卡片及备查簿可以连续使用,不必每年更换。

新旧账簿有关账户之间的结转余额,无须编制记账凭证。

二、会计账簿的保管

各种账簿与会计凭证、会计报表一样,必须按照国家统一的会计制度的规定妥善保管,做到既安全完整,又方便查找。

年度终了,各种账户在结转下年、建立新账后,一般都要把旧账送交总账会计集中统一管理。会计账簿暂由本单位财务会计部门保管一年,期满之后,由财务会计部门编造清册移交本单位的档案部门保管。

 目标检测

一、单项选择题

1. 日记账根据分类用途属于(　　　)

    A. 序时账簿　　　　　　B. 备查账簿　　　　　　C. 分类账簿

    D. 联合账簿　　　　　　E. 卡片账簿

2. 总分类账和日记账必须采用(　　　)账簿

    A. 活页式　　　　　　　B. 订本式　　　　　　　C. 卡片式

    D. 备查式　　　　　　　E. 多栏式

3. 活页式账簿主要适用于(　　　)

    A. 现金日记账　　　　　　　　B. 总分类账簿

    C. 银行日记账　　　　　　　　D. 明细分类账簿

    E. 原材料总账

4. 下列适用于三栏式明细分类账簿的是(　　　)

    A. 管理费用　　　　　　　　　B. 原材料

    C. 应收账款　　　　　　　　　D. 商品销售收入

    E. 生产成本

5. 原材料明细账簿一般采用(　　　)形式

    A. 订本式账簿　　　　　　　　B. 数量金额式账簿

    C. 卡片式账簿　　　　　　　　D. 三栏式账簿

    E. 以上四种任意一种都可

二、多项选择题

1. 账簿根据其外表形式分类,可分为(　　　)

    A. 序时账簿　　　　　　　　　B. 订本式账簿

    C. 活页式账簿　　　　　　　　D. 卡片式账簿

    E. 分类账簿

2. 会计账簿应具备的基本要素有(　　　)

    A. 封面　　　　　　　B. 扉页　　　　　　　C. 账页

    D. 封底　　　　　　　E. 定期打印

3. 下列会计凭证中,可以作为登记库存现金日记账的依据的是(　　　)

A. 库存现金收款凭证 B. 库存现金付款凭证

C. 支票存根 D. 银行存款付款凭证

E. 汇款凭证

4. 数量金额式明细账的账页格式适用于( )

A. 库存商品明细账 B. 生产成本明细账

C. 材料明细账 D. 应付账款明细账

E. 管理费用明细账

5. 下列错误中,可以用红字更正法更正的有( )

A. 记账后,发现记账凭证和账簿记录中应借、应贷会计科目并无错误,只是所记金额大于应记金额

B. 发现记账凭证中会计科目和记账方向都有错误,并且已经登记入账

C. 发现记账凭证中所记会计科目有错,并已登记入账

D. 在结账前发现记账凭证无误,但账簿记录中文字或数字过账错误

E. 结账后发现的一切错误

三、简答题

1. 会计账簿的种类有哪些?

2. 明细账的格式有哪几种? 分别适用于哪些账户?

3. 简述平行登记的要点。

4. 对账工作包括哪些内容?

5. 更正错账的方法有哪些? 简述各种更正方法的适用范围。

四、综合题

白云药业有限责任公司的会计人员在结账前进行对账时,查找出以下错账:

1. 用库存现金购买办公用品1330元,其中厂部900元,车间430元。编制的会计分录

借:管理费用　　　　　　　　　　　　　　　　　　　900

　　制造费用　　　　　　　　　　　　　　　　　　　430

　　　贷:库存现金　　　　　　　　　　　　　　　　　　　1330

在过账时,"制造费用"账户记录为340元。

2. 收到海欣药业有限责任公司欠款19 700元,存入银行。编制的会计分录为:

借:银行存款　　　　　　　　　　　　　　　　　　19 700

　　　贷:应付账款—海欣药业有限责任公司　　　　　　　19 700

3. 计提车间生产用固定资产折旧4600元,编制的会计分录为:

借:制造费用　　　　　　　　　　　　　　　　　　46 000

　　　贷:累计折旧　　　　　　　　　　　　　　　　　　46 000

4. 用库存现金支付职工工资36 000元,编制的会计分录为:

借:应付职工薪酬　　　　　　　　　　　　　　　　3600

　　　贷:库存现金　　　　　　　　　　　　　　　　　　3600

要求(将答案填入下表):

1. 指出上述错账的类型及应采用的更正方法。

2. 编制错账更正的会计分录。

序号	错账的类型	应采用的更正方法	错账更正的会计分录
1			
2			
3			
4			

（于治春）

第五章 财产清查

学习目标

1. 掌握财产清查的种类与方法。
2. 熟悉财产清查处理程序,财产清查结果的账务处理。
3. 了解财产清查的概念与作用。

导学情景

情景描述:

药剂班小王在白云药店实习,药店每月盘点1次,每次都在晚上营业结束后进行,一直盘点到凌晨2点。每月1次的盘点,从药品盘点前的准备、盘点、盘点后数据录入与分析都让她感到非常烦琐和疲惫,但同时她也认为经过盘点后对药品存量清晰了,对药品期限、质量等方面都能做到心中有数。

学前导语:

药店每月的盘点,需要掌握财产清查方法的选择与运用,本章将带领大家走进学习财产清查的基本知识,掌握财产清查基本技能。

第一节 财产清查的意义和种类

一、财产清查的意义

财产清查,又称"盘存",是指通过对本企业拥有的财产物资的实地盘点及应收、应付等往来款项的核对,来查明企业实有财产物资数,以确定账面结存数与实际结存数是否相符的一种专门方法。财产清查是内部牵制制度的一个部分,其目的在于定期确定内部牵制制度执行是否有效。

由于计量不准确、管理不善或更换财产物资保管员等原因,各个单位都需要定期或不定期的财产物资的清查。财产清查对保证会计核算资料的真实,单位财产物资的安全完整、使用效能,挖掘财产物资的潜力,加强和完善财产物资管理制度,保证财经纪律和结算制度的执行具有十分重要的意义。

二、财产清查的种类

为了合理地组织财产清查,正确地使用财产清查的方法,必须对财产清查进行科学地分类,常见的有按范围和时间两种分类。

(一) 按财产清查的范围不同,分为全面清查和局部清查。

1. 全面清查　全面清查是指对所有财产物资和债权、债务等往来款项进行全面的盘点和核对。全面清查的内容多,范围广,工作量大,通常在以下几种情况下进行:

(1) 年终决算前;

(2) 开展清产核资或资产评估前;

(3) 单位撤销、合并或改变隶属关系前;

(4) 企业股份制改制前;

(5) 中外合资、国内合资前;

(6) 单位主要领导人调离工作前。

2. 局部清查　局部清查是指根据需要,对部分的财产物资或往来款项进行的盘点与核对。局部清查的范围小,内容少,时间短,工作量小。局部清查一般在以下几种情况下进行:

(1) 对流动性较大的物资,如材料、低值易耗品、库存商品等,除年度清查外,每月或季末还要轮流盘点或抽查;

(2) 对于各种贵重物资,每月应清查盘点一次;

(3) 库存现金应由出纳人员在每日业务终了时自行清查,以达账实相符;

(4) 对于银行存款应每月同银行核对一次;

(5) 对于债权、债务的往来款项,应每季核对一次。

(二) 按财产清查时间,分为定期清查和不定期清查。

1. 定期清查　定期清查是指根据制度的规定按预先计划安排的时间对财产物资、货币资金和往来款项等进行的盘点和核对。这种清查通常是在年末、季末、月末结账前进行。定期清查,可以是全面清查,也可以是局部清查。比如,在年终决算时进行清查,就是一种定期清查和全面清查。每天对单位库存现金的盘点就是一种定期清查和局部清查。

2. 不定期清查　不定期清查是指事先无计划安排,而是根据临时的需要对财产物资等所进行的盘点与核对,不定期清查只能是局部清查。不定期清查一般在以下几种情况进行:

(1) 更换财产物资或库存现金的保管人员时,要对其所保管的财产物资或现金进行清查,以明确经济责任;

(2) 发生意外灾难或损失时,要对遭受损失的有关财产物资进行清查,以查明损失情况;

(3) 上级主管、财政、审计部门对本单位进行会计检查时,应按检查的要求及范围进行清查;

(4) 进行临时性的清产核资时,要进行财产清查,以摸清家底。

课堂活动

不定期清查与全面清查、局部清查有何关系?

点滴积累

1. 财产清查按范围不同分为:全面清查、局部清查。
2. 财产清查按时间不同分为:定期清查、不定期清查。

第二节 财产清查的方法和结果处理

一、财产清查的方法

（一）财产清查的一般程序

财产清查是一项复杂细致的工作,其涉及面广、工作量大、政策性强。为了保证财产清查工作的顺利进行,按时保质完成清查工作,需要遵循一定的程序:

1. 成立专门的财产清查领导小组,全面、具体负责财产清查工作的组织和实施。

2. 组织清查人员学习有关政策规定,掌握有关法律、法规和相关业务知识,以提高财产清查工作的质量。

3. 制定财产清查的计划,确定清查的对象、范围、时间,配备相关的工作人员并明确任务和责任。

4. 会计部门、财产保管部门要对待查的财产物资的会计账目做好准备,如会计部门对总账、明细账等的登记入账、结出余额进行核对,保证会计资料的真实可靠;财产保管部门对所保管的物资要做好明细账、标签、整理工作,摆放好各项财产物资,准备接受清查。

5. 有关部门做好财产清查所需的各种计量器具、登记表册的准备工作。

6. 填制盘存清单。

7. 根据盘存清单填制货币资金、实物资产、往来款项等清查结果报告表。

（二）财产清查的各种方法

由于所清查的财产内容繁多,形态、特点不一,故财产清查时所采用的方法应不同。

1. 货币资金的清查 包括库存现金和银行存款的清查。

（1）库存现金的清查:由于现金具有现实的购买力和较强的流动性,而且收支频繁,因而容易出现差错甚至被贪污挪用等,所以应在加强管理和控制的基础上,定期或不定期的进行清查。库存现金的清查一般采用实地盘点的方法,确定库存现金的实存数,再与现金日记账的账面余额相核对,以查明账实是否相符。盘点前,出纳人员应将收付款凭证全部登记入账,并结出余额。盘点时,出纳人员必须在场,现金应逐一清点登记"库存现金盘点表",其格式详见表5-1所示。

清查时除查明账实是否相符外,还需查看单位的库存现金管理制度的遵守情况,如有无坐支现金,"白条"抵库、挪用现金、超限额保管现金等现象。

 知识链接

库存现金盘点的步骤

采取突击方式进行检查以防被检查单位移东补西:①审阅现金日记账并同时与现金收付凭证相核对;②由出纳员将已办妥现金收付手续的收付凭证登记现金日记账,并结出现金结余额;③盘点现金的实存数,同时编制"库存现金盘点表",分币种、面值列示盘点金额;④盘点金额与现金日记账余额进行核对,如有差异,应查明原因,并作出记录或适当调整。

表 5-1 库存现金盘点表

库存现金盘点表				
单位名称：		编制人：		日期：
清查日：		复核人：		日期：
币种：				
清查日清点现金			核对账目	
货币面额	张数	金额	项目	金额
100 元			清查日现金账面余额	
50 元			加:清查日的现金收入	
20 元			减:清查日的现金支出	
10 元			调整后现金余额	
5 元			实点现金	
2 元			长款	
1 元			短款	
5 角				
2 角				
1 角				
实点合计				

财务负责人： 出纳员： 日期：

库存现金盘点后,应将盘点的结果填入"库存现金盘点报告表",该表既是盘存的清单,又是账存数与实存数的对比表。其格式详见表 5-2 所示。

表 5-2 库存现金盘点报告表

单位名称： 年 月 日

实存金额	账存金额	实存与账存对比		备注
盘点的实存金额	现金日记账的余额	盘盈（长款）实存金额多于账存的金额	盘亏（短款）实存金额少于账存的金额	

盘点人签章： 出纳员签章：

单位拥有的有价证券,如国库券、公司债券、股票等,其清查方法与库存现金的清查方法相同。

 案例分析

案例:

海欣药业有限责任公司出纳员小王 2013 年 6 月 10 日清点库存现金,发现短缺 60 元,经自己反复核对也查不出原因,自掏腰包补齐。6 月 18 日清点库存现金溢余 30 元,最后将 30 元收起。

分析:

库存现金盘点的过程中,填写"库存现金盘点表",盘点的结果填入"库存现金盘点报告表"。按管理权限经批准后再做相应的账务处理,不可以自己补齐或收起。

(2)银行存款的清查:银行存款的清查,主要采用核对法。即将本单位的银行存款日记账与银行对账单相核对,以查明账实是否相符。核对时,将本单位的银行存款日记账与银行对账单进行逐笔勾对。如果单位的银行存款日记账余额与银行对账单余额不相符,原因有两个方面:一是企业与银行之间一方或双方记账有错误;二是存在未达账项。所谓未达账项,是由于单位与开户银行的记账时间的不一致而发生的一方已入账,而另一方尚未入账的款项。

单位与银行之间的未达账项有以下四种:

1)企业已记收而银行尚未记收的款项:企业已记银行存款增加,而银行尚未入账;

2)企业已记付而银行尚未记付的款项:企业已记银行存款减少,而银行尚未入账;

3)银行已记收而企业尚未记收的款项:银行已记银行存款增加,而企业尚未入账;

4)银行已记付而企业尚未记付的款项:银行已记银行存款减少,而企业尚未入账。

对于未达账项造成的双方账面余额不符,可通过编制"银行存款余额调节表"来调节。银行存款余额调节表的编制方法主要是补记法。所谓补记法就是在企业银行存款日记账和银行对账单余额的基础上,各自补记对方已入账而本单位尚未入账的账项,从而检查调节后的双方余额是否相符的方法。用公式如下:

企业银行存款日记账余额 + 银行已记收企业未记收款项 - 银行已记付企业未记付款项 = 银行对账单余额 + 企业已记收银行未记收款项 - 企业已记付银行未记付款项

现举例说明"银行存款余额调节表"的编制方法。

【经济业务 5-1】白云药业有限责任公司 2013 年 11 月 30 日的银行存款日记账的余额为 396 500 元,银行对账单的余额 425 600 元。经逐笔核对,发现有以下未达账项:

(1)11 月 29 日,该公司收到销货款的转账支票一张金额 70 000 元,并已入账,银行尚未入账;

(2)11 月 29 日,该公司开出支付货款的转账支票一张金额 5000 元,并已入账,银行尚未入账;

(3)11 月 30 日,银行委托收款公司的一笔货款 100 000 元,并已入账,公司未接到银行的收款通知,尚未入账;

(4)11 月 29 日,银行代付公司水电费、电话费共计 5900 元,并已入账,公司未接到付款通知,尚未入账。

根据以上资料,编制银行存款余额调节表,详见表5-3所示。

表5-3 银行存款余额调节表

2013 年 11 月 30 日   单位:元

项目	金额	项目	金额
企业银行存款日记账余额	396 500	银行对账单余额	425 600
加:银行已收,企业未收	(3)100 000	加:企业已收,银行未收	(1)70 000
减:银行已付,企业未付	(4)5900	减:企业已付,银行未付	(2)5000
调节后的余额	490 600	调节后的余额	490 600

表5-3 中所列调节后的余额,就是企业实际可以动用的银行存款数额。编制"银行存款余额调节表"是核对银行及企业账簿记录是否正确的一种有效方法,它能起到账实核对的作用,企业和开户银行不能以此表为调整账簿的依据,而必须在收到结算凭证后才能据以登记入账。

 课堂活动

表5-3 中调节后的余额为 490 600 元,请思考并回答它的含义是什么?

通过银行存款余额调节表调节后,双方的金额应相等,如果还不相等,应进一步查明原因,予以纠正再平衡。

2. 实物资产的清查 实物资产的清查,是指对原材料、库存商品、包装物、固定资产等有形物资的清查,是财产清查的主要内容。

 知识链接

两种常见的盘存制度

实地盘存制,又称定期盘存制,期末通过对财产物资的实地盘点,来确定财产物资的实际结存数,并据以计算出期末财产结存额和本期减少额的一种方法。实地盘存制日常账簿记录简便,核算工作量较小,但核算手续不够严密。适用于一些价值较低、品种复杂、交易频繁和一些损耗大、数量不稳定的鲜活存货。

永续盘存制,亦称账面盘存制,是通过设置财产明细账,逐笔或逐日地登记收入数、发出数,并能随时计算出结存数的一种存货盘存制度。永续盘存制手续严密,可动态掌握企业财产情况,虽核算工作量较大,核算成本较高,但有利于加强财产物资的管理与控制,因而被广泛使用。

由于实物的形态、体积、重量、堆放方式等不尽相同,因而所采用的清查方法也不尽相同。确定存货数量的方法,主要有实地盘点法和技术推算法两种。

(1)实地盘点法:是指在财产物资的堆放现场,通过逐一清点或用计量器具来确定实物资产的实存数量的方法。大多数实物财产的清查,可采用此法。此方法得出的数字准确可靠,但工作量较大。对于成件堆放、包装完整的财产物资,可按大件清点,必要时可以抽查;对于散装分散的物资,可以采取移位盘点、过秤盘点或分处盘点,防止漏盘或重盘;对于房屋及机器设备,不仅要盘点其数量和附属部件,而且要查明使用情况,以发现其使用和保管上存在的问题。

(2)技术推算法:是指按一定的标准或公式对实物资产的数量推算出来的方法。该方法适用于数量大、笨重或价值低的不便于逐一清点或过磅的实物资产的清查,如矿石、煤炭等。

盘点时,实物保管人员必须在场。除了清点实物的实有数量外,还要检查财产物资的质量及保管、使用情况。

盘点后,盘点的结果填写在"盘存表"上,作为盘点结果的书面证明,其格式如表 5-4 所示。

表 5-4 盘存表

单位名称: 存放地点:
财产类别: 盘点时间: 编号:

编号	名称	规格	计量单位	数量	单价	金额	备注

盘点人: 实物保管人:

盘存表一般填制一式三份,一份由清点人员留存备查,一份交实物保管人员保存;一份交财会部门与账面记录相核对。

根据"盘存表"与财产物资账簿记录核对的结果,编制"账存实存对比表"。该表是确定账存数与实存数的差异、调整账簿记录的原始凭证,是分析差异原因、明确经济责任的依据,其格式详见表 5-5 所示。

表 5-5 账存实存对比表

单位名称: 年 月 日 编号:

编号	名称及规格	计量单位	单价	账存		实存		对比结果				备注
				数量	金额	数量	金额	盘盈		盘亏		
								数量	金额	数量	金额	

会计主管: 复核: 制表:

3. 往来款项的清查 往来款项的清查主要是对各种应收款、暂付款、应付款、暂收款等往来业务的清查,一般采用发函询证的方法同往来单位核对账目。

首先检查本企业各往来款项账目,确认总账与明细账的余额相等,各明细账余额相符;其次,编制"往来款项对账单"一式两联送交对方单位核对,其中一联作为回单,其格式详见表5-6所示。

函 证 信

××公司:

本公司与贵单位的业务往来款项有下列项目,为了核对账目,特函请查证,是否相符,请在回执联中注明后盖章寄回。

此致

敬礼

表5-6 往来款项对账单

往来款项原因	往来款项发生时间	信用截止期	经办人	金额	备注
往来单位意见					

清查单位盖章   往来单位盖章

待接到往来单位退回的对账单后,若有不符,注明情况以备作进一步的核对,查清事件原因直至弄清结果;最后,编制"往来款项清查报告表",以备企业做相应账务处理或对往来单位的信用分析。注明核对相符与不相符的款项,对不符款项按有争议、未达账项、无法收回等情况归类合并,针对具体情况及时采取措施予以解决,如及时催收应收的账款,积极处理呆账悬案等,其格式详见表5-7所示。

表5-7 往来款项清查报告表

账户名称:　　　　　　　　年　月　日

户名（对方单位）	账面余额			余额不符的原因				备注
	本企业	对方单位	两者余额差额	未达账项	争议金额	无希望收回	其他	

复核:　　　　　　　　报告人:　　　　　　　　会计:

二、财产清查的结果处理

(一)财产清查结果处理的步骤

对于财产清查中所发现的各种财产管理和会计核算方面的问题,首先应查明原因,分清责任,然后按国家有关规定对结果予以妥善处理。处理的步骤如下:

1. 分析判断差异产生的性质,查明原因,明确责任。对于财产清查中发现的财产物资账实不符,如盘盈、盘亏,应核准数字,判断差异的性质,深入调查研究,具体分析,查明原因,分清经济和法律责任,按规定报经有关部门审批处理。

2. 积极处理多余的物资和清理长期不清的债权债务。在财产清查过程中发现的呆滞积压、多余或不需用的物资,应及时、积极处理,组织调剂,物尽其用,避免损失,提高物资的使用效益。对于长期不清的应收、应付款项,应查明原因,限期了结。

3. 调整账簿记录,确保账实相符。财产清查的主要目的,就是要做到账实相符。由于财产清查的结果要报有关部门及领导批准,所以,在账务处理上分两步进行。审批之前,根据清查结果的原始凭证,编制记账凭证并登记入账,使账实相一致。审批之后,依据批复意见,再编制记账凭证,并登入有关账簿。

4. 总结经验教训,建立健全财产管理制度。财产清查的目的,不仅是要查明企业财产的实有数额,发现差异及对清查结果的处理,重要的是促进企业财务管理工作的改进和完善。针对发现的问题,总结经验,吸取教训,提出相应的改进措施,建立健全规章制度,加强岗位责任制。只有这样,才能更好地发挥财产清查的作用。

（二）财产清查结果的账务处理步骤

对于财产清查结果的账务处理,在核算上应分两个步骤进行:

1. 审批之前,初步调整账簿记录,做到账实相符。这是针对清查结果的差异进行的账务处理,即根据差异的原始凭证,编制记账凭证并登记入账,使账实相一致。

2. 审批之后,按批准结果作最终处理。依据批复的结果,作进一步的账务反映。

（三）财产清查结果的账户设置

对财产清查结果进行账务处理时,应设置"待处理财产损益"、"以前年度损益调整"、"资产减值损失"、"坏账准备"、"营业外收入"、"营业外支出"、"管理费用"、"其他应收款"等账户。

点滴积累

1. 财产清查的方法:核对法、实地盘点法、技术推算法及发函询证法。

2. 未达账项:是由于单位与开户银行记账时间的不一致而发生的一方已入账,而另一方尚未入账的款项。

3. 补记法:就是在企业银行存款日记账和银行对账单的余额的基础上,各自补记对方已入账而本单位尚未入账的账项,从而检查调节后的双方余额是否相符的方法。

4. 确定存货数量的方法:实地盘点法和技术推算法两种。

目标检测

一、单项选择题

1. 企业年终决算以前,需要(　　)

    A. 对所有实物财产进行盘点

    B. 对重要财产进行局部清查

    C. 对所有财产进行全面清查

    D. 对流动性较大的财产进行重点清查

E. 发生意外灾害或损失时,要对遭受损失的有关财产物资进行的清查

2. 某企业在遭受洪灾后,对其受损的财产物资进行的清查,属于(　　)

    A. 局部清查和不定期清查　　　　　　B. 全面清查和不定期清查

    C. 局部清查和定期清查　　　　　　　D. 全面清查和定期清查

    E. 局部清查和全面清查

3. 对库存现金的清算方法应采用(　　)

    A. 技术推算法　　　　　　　　　　　B. 实地盘点法

    C. 抽样盘存法　　　　　　　　　　　D. 函询法

    E. 核对法

4. 对于大宗堆码,难以逐一清点的财产物资,一般采用(　　)进行清查

    A. 查询核对法　　　　　　　　　　　B. 实物盘点法

    C. 全面抽查法　　　　　　　　　　　D. 技术推算法

    E. 函询法

二、多项选择题

1. 下列需要进行全面清查的情况有(　　)

    A. 年终决算前

    B. 中外合资、国内联营

    C. 开展清产核资

    D. 单位主要负责人调离工作时

    E. 单位撤销合并或改变隶属关系时

2. 对财产物资的清查可采用的方法有(　　)

    A. 抽查盘点法　　　　　　　　　　　B. 实地盘点法

    C. 技术推算法　　　　　　　　　　　D. 查询核对法

    E. 实地盘存制

3. 采用实地盘点法的清查对象有(　　)

    A. 固定资产　　　　　　　　　　　　B. 材料

    C. 银行存款　　　　　　　　　　　　D. 库存现金

    E. 应收账款

4. 发函询证法一般适用于(　　)的清查

    A. 应收账款　　　　　　　　　　　　B. 银行存款

    C. 应付账款　　　　　　　　　　　　D. 库存现金

    E. 库存商品

三、简答题

1. 财产清查的种类和适用范围有哪些?

2. 什么是未达账项? 如何调整?

3. 实物财产的清查方法有哪些?

四、综合题

白云药业有限责任公司采用永续盘存制,于2013年6月30日进行财产清查,根据盘存单与账面结存余额核对,发现下列账实不符情况:

1. 5%葡萄糖500ml账面结存630瓶,实际盘点结果623瓶,单价7.4元。

2. 5% 葡萄糖 250ml 账面结存 540 瓶,实际盘点结果 550 瓶,单价 6.1 元。

3. 0.9% 生理盐水 250ml 账面结存 80 瓶,实际盘点结果 75 瓶,单价 5.9 元。

要求:根据盘点结果填制"账存实存对比表"。

（于治春）

第六章 账务处理程序

在会计工作中,设置账户、填制和审核原始凭证、填制记账凭证、登记账簿、编制会计报表,这些会计方法并不是孤立的,而是按一定的形式结合在一起而形成的一个会计方法体系。要科学地组织会计工作,取决于能否有序、合理地运用这个方法体系,这就需要确定一个合理的账务处理程序。

第一节 账务处理程序概述

一、账务处理程序的概念

(一) 概念

账务处理程序,也称会计核算组织程序或会计核算形式,是指会计凭证、会计账簿、会计报表相结合的方式,包括账簿组织和记账程序。

1. 账簿组织 指账簿的种类、格式和各种账簿之间的关系。
2. 记账程序 指填制会计凭证、登记账簿以及编制会计报表的步骤。

(二) 合理的账务处理程序的要求

1. 与本单位生产经营管理的特点、规模大小和业务繁简等实际情况相适应。
2. 要能够及时、正确、系统和全面地提供有关经济活动的核算资料。
3. 力求简化核算手续,提高核算工作效率。

二、账务处理程序的种类

目前,我国常用的账务处理程序主要有:记账凭证账务处理程序、科目汇总表账务处理程序、汇总记账凭证账务处理程序。

上述三种账务处理程序既有共同点,也有差异。它们的共同点是基本的程序模式相同,任何一种账务处理程序,都必须依据合法的原始凭证或原始凭证汇总表编制记账凭证,依据记账凭证及所附原始凭证登记账簿、对账,结账后依据账簿记录编制会计报表,即原始凭证→记账凭证→账簿记录→会计报表。各种账务处理程序的差异点主要体现在登记总分类账的依据和方法不同。

点滴积累

1. 账务处理程序,也称会计核算组织程序或会计核算形式,是指会计凭证、会计账簿、会计报表相结合的方式,包括账簿组织和记账程序。
2. 目前,我国常用的账务处理程序主要有:记账凭证账务处理程序、科目汇总表账务处理程序、汇总记账凭证账务处理程序。

第二节　不同种类账务处理程序的内容

一、记账凭证账务处理程序

记账凭证账务处理程序是指对发生的经济业务事项,都要根据原始凭证或汇总原始凭证编制记账凭证,然后直接根据每一张记账凭证逐笔登记总分类账的一种账务处理程序。

其特点是直接根据记账凭证逐笔登记总分类账。它是最基本的账务处理程序,其一般程序是:

1. 根据原始凭证编制汇总原始凭证;
2. 根据原始凭证或汇总原始凭证,编制记账凭证;
3. 根据收款凭证、付款凭证逐笔登记现金日记账和银行存款日记账;
4. 根据原始凭证、汇总原始凭证和记账凭证,登记各种明细分类账;
5. 根据记账凭证逐笔登记总分类账;
6. 期末,现金日记账、银行存款日记账和明细分类账的余额同有关总分类账的余额核对相符;
7. 期末,根据总分类账和明细分类账的记录,编制会计报表。

记账凭证账务处理程序详见图6-1所示:

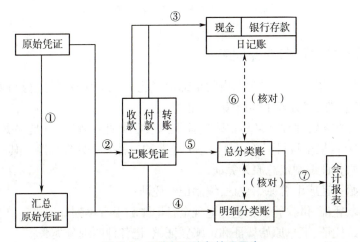

图6-1　记账凭证账务处理程序

二、汇总记账凭证账务处理程序

汇总记账凭证账务处理程序是根据原始凭证或汇总原始凭证编制记账凭证,定期根据记账凭证分类编制汇总收款凭证、汇总付款凭证和汇总转账凭证,再根据汇总记账凭证登记总分类账的一种账务处理程序。其一般程序是:

1. 根据原始凭证编制汇总原始凭证;

2. 根据原始凭证或汇总原始凭证,编制记账凭证;

3. 根据收款凭证、付款凭证逐笔登记现金日记账和银行存款日记账;

4. 根据原始凭证、汇总原始凭证和记账凭证,登记各种明细分类账;

5. 根据各种记账凭证编制有关汇总记账凭证;

6. 根据各种汇总记账凭证登记总分类账;

7. 期末,现金日记账、银行存款日记账和明细分类账的余额同有关总分类账的余额核对相符;

8. 期末,根据总分类账和明细分类账的记录,编制会计报表。

汇总记账凭证账务处理程序详见图6-2所示:

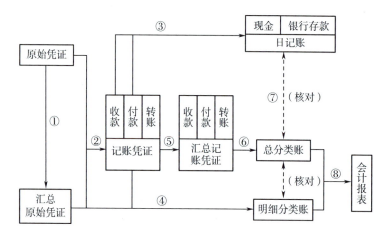

图6-2 汇总记账凭证账务处理程序

三、科目汇总表账务处理程序

科目汇总表,是指根据一定时期内的全部记账凭证,按相同科目进行归类,并计算出每一总账科目本期借方、贷方发生额所编制的汇总表。

科目汇总表账务处理程序又称记账凭证汇总表账务处理程序,它是根据记账凭证定期编制科目汇总表,再根据科目汇总表登记总分类账的一种账务处理程序。其一般程序是:

1. 根据原始凭证编制汇总原始凭证;

2. 根据原始凭证或汇总原始凭证,编制记账凭证;

3. 根据收款凭证、付款凭证逐笔登记现金日记账和银行存款日记账;

4. 根据原始凭证、汇总原始凭证和记账凭证,登记各种明细分类账;

5. 根据各种记账凭证编制科目汇总表;

6. 根据科目汇总表登记总分类账;

7. 期末,现金日记账、银行存款日记账和明细分类账的余额同有关总分类账的余额核对相符;

8. 期末,根据总分类账和明细分类账的记录,编制会计报表。

科目汇总表账务处理程序详见图6-3所示:

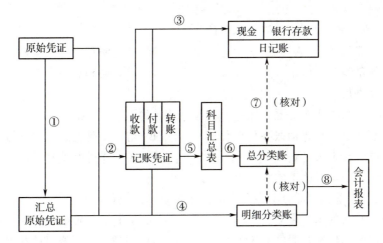

图6-3　科目汇总表账务处理程序

课堂活动

科目汇总表账务处理程序与汇总记账凭证账务处理程序的主要区别是什么?

四、三种账务处理程序的优缺点及适用范围

三种账务处理程序的优缺点及适用范围见表6-1。

表6-1　三种账务处理程序对比

	记账凭证账务处理程序	汇总记账凭证账务处理程序	科目汇总表账务处理程序
优点	简单明了,总分类账可以较详细地反映经济业务的发生情况	减轻了登记总分类账的工作量,便于了解账户之间的对应关系	可以简化总分类账的登记工作,并可做到试算平衡
缺点	登记总分类账的工作量较大	不利于日常分工,当转账凭证较多时,编制汇总转账凭证的工作量较大	不能反映账户对应关系,不便于查对账目
适用范围	规模较小、经济业务量较少的单位	规模较大、经济业务较多的单位	经济业务较多的单位
登总账的依据	据记账凭证逐笔登	据汇总记账凭证登	据科目汇总表登

 目标检测

一、单项选择题

1. 科目汇总表账务处理程序的缺点是(　　　　)

A. 科目汇总表的编制和使用较为简便,易学易做

B. 不能清晰地反映各科目之间的对应关系

C. 可以大大减少登记总分类账的工作量

D. 科目汇总表可以起到试算平衡的作用,保证总账登记的正确性

E. 不利于日常分工

2. 会计报表是根据(   )资料编制的

A. 日记账、总账和明细账　　　　　　B. 日记账和明细分类账

C. 明细账和总分类账　　　　　　　　D. 日记账和总分类账

E. 总分类账

3. 以下项目中,属于记账凭证账务处理程序缺点的是(   )

A. 增加了会计核算的账务处理程序　　B. 增加了登记总分类账的工作量

C. 不便于检查核对账目　　　　　　　D. 不便于进行试算平衡

E. 登记总分类账的工作量较大

4. 以下属于汇总记账凭证账务处理程序主要缺点的是(   )

A. 登记总账的工作量较大　　　　　　B. 编制汇总转账凭证的工作量较大

C. 不便于体现账户间的对应关系　　　D. 不便于进行账目的核对

E. 不利于日常分工

5. 科目汇总表是依据(   )编制的

A. 记账凭证　　　　　B. 原始凭证　　　　　C. 原始凭证汇总表

D. 各种总账　　　　　E. 各种明细账

二、多项选择题

1. 对于汇总记账凭证核算形式,下列说法错误的有(   )

A. 登记总账的工作量大

B. 不能体现账户之间的对应关系

C. 明细账与总账无法核对

D. 当转账凭证较多时,汇总转账凭证的编制工作量较大

E. 不利于日常分工

2. 各种账务处理程序下,登记明细账的依据可能有(   )

A. 原始凭证　　　　　B. 汇总原始凭证　　　　　C. 记账凭证

D. 汇总记账凭证　　　E. 日记账

3. 下列不属于科目汇总表账务处理程序优点的有(   )

A. 便于反映各账户间的对应关系　　　B. 便于进行试算平衡

C. 便于检查核对账目　　　　　　　　D. 简化登记总账的工作量

E. 便于了解账户之间的对应关系

4. 关于不同种类的账务处理程序的适用范围,下列说法正确的是(   )

A. 记账凭证账务处理程序适用于规模较小、经济业务量较少的单位

B. 汇总记账凭证账务处理程序适用于规模较大、经济业务较多的单位

C. 科目汇总表账务处理程序适用于任何单位

D. 记账凭证账务处理程序适用于规模较大、经济业务较多的单位

E. 科目汇总表账务处理程序适用于规模较小、经济业务量较少的单位

5. 不同账务处理程序所具有的相同之处有(　　)

    A. 编制记账凭证的直接依据相同

    B. 编制会计报表的直接依据相同

    C. 登记明细分类账簿的直接依据相同

    D. 登记总分类账簿的直接依据相同

    E. 登记日记账的直接依据相同

三、简答题

1. 账务处理程序有哪几种?

2. 简述记账凭证账务处理程序的优缺点。

3. 简述汇总记账凭证账务处理程序的优缺点。

4. 简述科目汇总表账务处理程序的优缺点。

（周建华）

第七章 医药企业主要经济业务账务处理

学习目标

1. 掌握医药企业主要经济业务的会计分录编制。
2. 熟悉医药企业的资金筹集过程、采购过程、生产过程、销售过程以及利润形成过程。
3. 了解固定资产、累计折旧等基本概念。
4. 具有独立编制简单经济业务会计分录的能力。

导学情景

　　情景描述：

　　药剂班李军在白云药业有限公司实习，现在他被分配到公司财会部门协助会计小王编制会计记账凭证。6月月末公司发生如下经济业务：本月应付给生产人员的薪酬为50 000元，其中直接生产人员薪酬36 000元，车间生产管理人员薪酬14 000元。薪酬通过建设银行转账的形式已经支付完毕。李军运用在《会计基础》学习的医药企业主要经济业务账务处理知识，编制出了记账凭证。

　　学前导语：

　　本章带领大家将前面所学的会计理论转化为实践能力，掌握医药企业主要经济业务的会计分录的编制，熟悉医药企业的资金筹集过程、采购过程、生产过程、销售过程以及利润形成过程。

　　医药企业会计是医药企业经济管理的重要组成部分。为了加强医药企业会计工作，完善医药企业核算体系，医药企业会计工作应根据《会计法》和其他国家有关法律、法规的规定展开。因此本章具体介绍医药企业根据我国会计制度如何进行基本业务核算。

第一节　资金筹集经济业务的核算

　　医药企业筹集资金的渠道主要有两个：一是吸收投资，即增加医药企业的实收资本；二是举债，即增加医药企业的负债（图7-1）。下面我们介绍在医药企业资金筹集的主要业务，即资本的投入与返还业务、借款业务。

一、账户设置

（一）资本的投入与返还业务

资本是投资者为开展生产经营活动而投入的本金，向医药企业投入资本的投资者可以是国家、单位、个人和外商等。投资者可以用现金、银行存款等货币资金进行投资，也可以用建筑物、机械设备等实物资产进行投资，还可以用发明专利权、商标权等无形资产进行投资。核算资本增减主要通

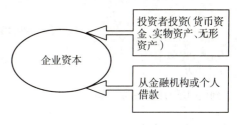

图 7-1　企业资金筹集渠道示意图

过"实收资本"科目进行核算，其对应账户有"库存现金"、"银行存款"、"固定资产"、"无形资产"、"原材料"等。

"实收资本"科目是所有者权益类账户，用以核算投资者投入医药企业的资本金。该账户贷方登记资本金的增加额；借方登记资本金的减少额；期末余额在贷方，反映医药企业实有的资本，详见表 7-1 所示。

表 7-1　实收资本账户的核算内容及其结构表

实收资本

借方	贷方
经过股东大会批准减少的资本额	期初余额：× × × ＋收到投资者注资的资本额 ＋盈余公积、资本公积转增的资本额
	期末余额：实收资本（或股本）的实有数

（二）借款业务

医药企业筹集资金的另一个方法是可以向银行或其他金融机构借款，并按借款协议约定的利率承担支付利息及到期归还借款本金的义务。银行借款按其偿还期限的长短不同，分为短期借款和长期借款。短期借款是指医药企业向银行或其他金融机构等借入的偿还期限在 1 年以下（含 1 年）的各种借款。长期借款是医药企业向银行或其他金融机构等借入的偿还期限在 1 年以上（不含 1 年）的各种借款。因此，医药企业借入资金时，一方面银行存款增加，另一方面负债也相应增加。为核算医药企业因借款而形成的负债，医药企业应设置"短期借款"和"长期借款"两个科目。

1. "短期借款"　该账户属于负债类账户，账户的结构：借方登记借款减少数额，即归还的借款数额；贷方登记借款的增加数额，即医药企业借入的各种短期借款；期末余额在贷方余额，表示期末尚未偿还的短期借款，详见表 7-2 所示。

表 7-2　短期借款账户的核算内容及其结构表

短期借款

借方	贷方
到期归还的短期借款数额	期初余额：× × × ＋借入的各种短期借款数额
	期末余额：企业尚未偿还的各种短期借款

75

2."长期借款" "长期借款"的账户结构与"短期借款"的账户结构相似,其经济业务的账务处理方法也与短期借款经济业务处理方法相似,详见表7-3所示。

表7-3 长期借款账户的核算内容及其结构表

长期借款

借方	贷方
到期归还的长期借款数额	期初余额:××× +借入的各种长期借款数额
	期末余额:企业尚未偿还的各种长期借款

二、核算举例

医药企业接受投资者投入的资本时,根据投资者的出资方式(出资方式主要有货币投资、实物投资和无形资产投资),借记"银行存款"、"固定资产"、"无形资产"等科目,按其在注册资本中所占份额,贷记"实收资本"。

(一)资本的投入与返还业务

1. 接受货币资金投资的账务处理

【经济业务7-1】2013年1月1日,白云药业有限公司接受正太公司、宏达公司和利元公司三方的出资组建公司,公司的注册资本为500万元,三方的出资比例分别是50%、20%、30%,三方的投资于当日存入天江公司的银行账户。

该项经济业务使白云药业的资产增加了500万,同时使白云药业的实收资本也增加了500万。根据借贷记账法的账户结构和记账规则,该项经济业务的会计分录如下:

借:银行存款   5 000 000
  贷:实收资本—正太公司   2 500 000
     —宏达公司   1 000 000
     —利元公司   1 500 000

2. 接受实物资产投资的账务处理

【经济业务7-2】2013年1月5日,白云药业有限公司接受利元公司投资真空干燥设备一台,该设备的现有价值50万元,有关设备的移交手续已办妥。

该项经济业务使医药企业的资产增加了50万元,同时医药企业的实收资本也增加了50万元。相关的会计分录如下:

借:固定资产   500 000
  贷:实收资本—利元公司   500 000

3. 返还投资的账务处理

医药企业在返还投资者资本时,按实际返还金额借记"实收资本"科目,贷记"库存现金"、"银行存款"等科目。会计分录的方向与接受资本经济业务的会计分录方向相反。

【经济业务7-3】根据【经济业务7-1】,一年半后,经批准,正太公司从白云药业有限公司退出。白云药业有限公司将250万出资额全部退还给正太公司。

之前接受正太公司投资时,会计分录方向为银行存款增加记借方,实收资本同时增加记贷方。现在正太公司退出投资,相关的会计分录方向应该与之前会计分录方向相反,即实收

资本减少记借方,银行存款同时减少记贷方:

借:实收资本—正太公司 2 500 000
　　贷:银行存款 2 500 000

(二) 借款业务

1. 短期借款的账务处理

【经济业务7-4】2013年2月份,白云药业有限公司向建设银行借入半年期的借款10万元,手续已办妥,款项已全部存入公司银行账户。

医药企业从银行或其他金融机构借款时,借款数额增加,应贷记"短期借款"。同时银行存款也相应地增加,借记"银行存款"。相关的会计分录如下:

借:银行存款 100 000
　　贷:短期借款—建设银行 100 000

【经济业务7-5】以上例题借入的短期借款,以银行存款归还建设银行(不考虑利息)。

医药企业归还借款,则医药企业负债减少,故应借记"短期借款"。同时银行存款相应地减少10万元,贷记"银行存款"。医药企业会计人员应根据上述业务内容编制如下会计分录:

借:短期借款—建设银行 100 000
　　贷:银行存款 100 000

2. 长期借款的账务处理

【经济业务7-6】2013年3月1日,白云药业有限公司又从中国银行取得一笔为期两年的借款500万元(不考虑利息)。

医药企业从银行或其他金融机构借入长期借款时,借款数额增加,应贷记"长期借款",同时银行存款也相应地增加,借记"银行存款"。相关的会计分录如下:

取得借款时:

借:银行存款 5 000 000
　　贷:长期借款—中国银行 5 000 000

归还借款时:

借:长期借款—中国银行 5 000 000
　　贷:银行存款 5 000 000

点滴积累

1. 医药企业筹集资金的渠道主要有两个:一是吸收投资,即增加医药企业的实收资本;二是举债,即增加医药企业的负债。

2. 企业接受投资者投资时,贷记"实收资本"科目,按照投资者投资的是金钱还是实物设备借记"银行存款"或者"固定资产"科目。投资者退出投资时,借记"实收资本"科目,贷记"银行存款"科目。

3. 企业借款按照借款的偿还期限分为短期借款和长期借款。

4. 企业借入款时,借记"银行存款"科目,按照借入款的分类贷记"短期借款"或者"长期借款"科目。

第二节　采购过程经济业务的核算

采购阶段是生产准备阶段,是资金周转的第一环节。在这一环节中医药企业以银行存款、应付账款、应付票据、预付账款等形式购入生产所需的固定资产和生产产品所需的原材料,详见图7-2所示。

图7-2　企业采购阶段示意图

一、账户设置

1. "原材料"　原材料是指医药企业在生产过程中经过加工改变其形态或性质并构成产品主要实体的各种原料和外购半成品,以及不构成产品实体但有助于产品形成的辅助材料。原材料成本是由材料成本和采购费用组成。

知识链接

原材料成本的构成

在原材料采购中发生的哪些费用是进入材料采购成本核算的?

材料的成本。这里包括两个部分:一部分是材料自身的买价,即材料的单价 × 数量 = 材料的总买价;另一部分是增值税金额。

采购费用。这里包括四个部分:第一,运杂费,即采购原材料时发生的运输费、装卸费、保险费、包装费和仓储费等;第二,运输途中发生的合理损耗;第三,加工整理和挑选费等;第四,其他费用,如进口关税等。

采购原材料所涉及的会计科目有"原材料"、"在途物资"、"应交税费—增值税"等科目(本章节对"在途物资"、"应交税费—增值税"科目不进行详述)。与其相对应的科目有"银行存款"、"应付账款"等。

"原材料"科目核算医药企业库存的各种材料(包括原料及主要材料)、辅助材料等原材料成本。该账户属于资产类账户。借方登记仓库增加的原材料成本,如验收入库、盘盈、接受捐赠等方式增加的原材料;贷方登记减少的原材料成本,如生产领用、售出、盘亏等方式减少的原材料;期末余额在借方反映剩余库存原材料的实际成本,详见表7-4所示。

表7-4　原材料账户的核算内容及其结构表

原材料

借方	贷方
期初余额:××× + 增加原材料的实际成本	+ 减少原材料的实际成本
期末余额:库存原材料的实际采购成本	

2. "应付账款"　"应付账款"科目就是核算医药企业因购买材料、商品和接受劳务供应等经营活动而形成的债务。该账户属于负债类账户,因购货而增加负债时,贷记本科目;因偿还货款而减少该负债时,借记本科目;期末余额可在借方,也可在贷方。本科目可以按照

不同的债权人进行明细核算,详见表 7-5 所示。

表 7-5　应付账款账户的核算内容及其结构表

应付账款

借方	贷方
期初余额:××× + 已经偿还的应付款项	期初余额:××× + 本期应付未付的购货款
期末余额:预付的款项	期末余额:尚未偿还的应付款项

二、核算举例

【经济业务 7-7】2013 年 4 月 1 日,白云药业有限公司从海欣药业有限公司购入生产药品用 10 吨原材料 A,销售发票上记载货款为 70 000 元,全部货款已用建设银行转账支付完毕,材料已验收入库(不考虑增值税)。

医药企业购入材料并验收入库,故原材料增加,记入借方。依据会计恒等式原理,原材料增加,同时银行存款也等额减少,同方向一增一减才能保持会计恒等式平衡。故编制相应会计分录:

借:原材料—A 材料　　　　　　　　　　　　　　　　　70 000
　　贷:银行存款—建设银行　　　　　　　　　　　　　　　　70 000

【经济业务 7-8】后来白云药业有限公司又购买了 10 吨原材料 B 和 5 吨原材料 C,销售发票上记载货款原材料 B 为 20 000 元,原材料 C 为 10 000 元。现用原材料 A、B、C 生产一种新药 X,则新药 X 每吨的生产成本是多少?

我们列出 A、B、C 三种材料采购成本计算表,可以更加直观地计算新药 X 的材料成本,计算表详见表 7-6 所示。

表 7-6　A、B、C 材料采购成本计算表

材料名称	单位	数量	单价	总成本
A	吨	10	7000	70 000
B	吨	10	2000	20 000
C	吨	5	2000	10 000
X	吨	25	4000	100 000

在现实医药企业采购流程中,所有的原材料并不能及时地验收入库。医药企业往往会遇到购买原材料已经支付货款但尚未运抵医药企业,或者原材料虽已运抵医药企业但尚未验收入库的情况。这时我们会使用"在途物资"这个科目核算医药企业,即原材料在尚未入库的情况下,材料的采购成本进入"在途物资"科目核算;一旦原材料验收入库后,由"在途物资"转入"原材料"科目。

另外,在材料采购中,我们还经常碰到"应交税费—应交增值税"科目的使用。

知识链接

我国最主要的税种——增值税

增值税是对销售货物或者提供加工、修理修配劳务以及进口货物的单位和个人就其实现的增值额征收的一个税种。增值税已经成为中国最主要的税种之一,增值税的收入占中国全部税收的 60% 以上,是最大的税种。

从计税原理上说,增值税是对商品生产、流通、劳务服务中多个环节的新增价值或商品的附加值征收的一种流转税。有增值才征税,没增值不征税。

"应交税费—应交增值税"是核算企业缴纳增值税的一个重要的科目。借方反映进项税额,贷方反映销项税额。企业应交增值税就等于销项税额减去进项税额。

在之前的例题中,白云药业有限公司用银行转账的方式支付完毕货款。但是现实生活中,一些医药企业会采取赊购的形式取得原材料,即拿了货,还没有付款或者购买商品时不付款之后一次或者分期还款。赊购需要医药企业凭借自身的信用,采用分期付款或延期付款方式购买商品。核算赊购的货款时,我们就引入"应付账款"这个会计科目。

【经济业务 7-9】假设白云药业有限公司购入原材料 A 的货款暂欠,材料已验收入库。

医药企业因购入材料,原材料增加,借记"原材料"科目。同时增加了一笔负债,即"应付账款"增加,应贷记该科目。故该业务应编制如下会计分录:

借:原材料—A 材料　　　　　　　　　　　　　　　　70 000

　　贷:应付账款—海欣药业　　　　　　　　　　　　　　70 000

4 月 9 日白云药业以建设银行的存款支付上述货款时,再做还款分录如下:

借:应付账款—海欣药业　　　　　　　　　　　　　　70 000

　　贷:银行存款—建设银行　　　　　　　　　　　　　　70 000

点滴积累

1. 原材料是指医药企业在生产过程中经过加工改变其形态或性质并构成产品主要实体的各种原料和外购半成品,以及不构成产品实体但有助于产品形成的辅助材料。
2. 购入原材料时,借记"原材料"科目,贷记"银行存款"或"应付账款"科目。

第三节　生产过程经济业务的核算

生产阶段是劳动者运用劳动资料对劳动对象进行加工生产出产品的阶段。简单来说,生产阶段就是从原材料投入到成品产出的全过程。这个阶段有两条线:一条是投入,一条是产出,详见图 7-3 所示。

一、直接费用和间接费用的归集

生产投入过程涉及到一个重要的概念

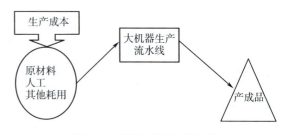

图 7-3　产品生产过程流程图

便是生产成本。生产成本是指产品完工入库前发生的各项支出,它由直接费用和间接费用两部分组成。

1. 直接费用　直接费用,是指产品制造过程中,直接用于产品生产的材料、生产工人的工资和福利费、其他费用等,它直接计入产品的生产成本。

(1) 原材料成本:指医药企业在生产过程中购置构成产品主要实体的各种原料及主要材料、辅助材料、燃料、修理备用件、包装材料、外购半成品等产生的费用。这点我们在上一节已经详细阐述。

(2) 人工成本:即雇主在雇佣劳动力时产生的全部费用。比如生产药品时雇佣车间工人所支付的工资。这里需要注意并不是所有医药企业员工的薪酬都能作为生产成本的一部分。

课堂活动

　　白云药业有限公司的经理想知道工厂生产一盒药的成本有多少,他将这个任务交给了实习中的李英。生产药品的材料成本已经从仓库领用中计算出来,但是李英现在感到很困惑,人工成本应该怎么算呢?下面这些人员的工资可以计入药品的人工成本吗?

　　1. 在生产流水线上药品加工工人的工资;

　　2. 工厂药品质检部质检员的工资;

　　3. 药品生产车间主任的工资;

　　4. 财会部主管李军的工资;

　　5. 公司保安小赵的工资。

从上述的练习中,我们知道只有直接从事产品生产的工人的工资、津贴、补贴和福利费等可以归集到产品的生产成本中去。直接从事产品生产的工人的工资、津贴、补贴和福利费等我们也统称为直接人工成本。

(3) 其他直接费用:包括产品生产成本中除直接材料和直接人工以外的可以直接归属于产品生产的费用。

2. 间接费用　间接费用,是指内部生产经营单位为组织和管理生产经营活动而发生的共同费用和不能直接计入产品成本的各项费用。按照一定的标准分摊归集的费用才能计入相关产品的生产成本之中,例如生产单位管理人员的工资、设备的折旧费等。

二、账户设置

核算生产过程的经济业务,设置的主要科目有"生产成本"、"制造费用"、"应付职工薪酬"、"库存商品"等。

1. "生产成本"　"生产成本"科目属于成本类科目,它用于核算医药企业进行工业性生产发生的各项生产费用,包括生产各种产品(包括产成品、自制半成品等)、自制材料、自制工具、自制设备等。当医药企业发生各项直接的生产费用时,即生产成本增加,应借记本科目;因产品完工入库,在产品减少时,应将完工产品的"生产成本"结转入"库存商品"科目;本科目期末借方余额反映医药企业尚未加工完成的在产品的成本,详见表7-7所示。

"生产成本"科目可以根据产品种类、品种不同设置明细核算科目。

表 7-7 生产成本账户的核算内容及其结构表

生产成本

借方	贷方
期初余额：××× ＋直接材料 ＋直接人工 ＋其他费用	＋生产完工并已验收入库的产成品的实际生产成本（转入"库存商品"账户的借方）
期末余额：表示尚未完工的产品的实际生产成本	

2. "制造费用" "制造费用"科目也属于成本类科目，它核算医药企业生产车间、部门为生产产品和提供劳务而发生的各项间接费用。当间接费用发生或增加时，借记本科目；期末，将产品生产的间接费用分配并结转入"生产成本"科目时，贷记本科目；本科目期末应无余额，详见表 7-8 所示。

表 7-8 制造费用账户的核算内容及其结构表

制造费用

借方	贷方
期初余额：××× ＋当月生产产品发生的各项制造费用	＋月末分配结转记入有关产品的"生产成本"科目的制造费用

3. "应付职工薪酬" "应付职工薪酬"属于负债类科目，它核算医药企业根据有关规定应付给职工的各种薪酬。本科目可按职工薪酬项目的不同进行明细核算。当医药企业计算确认应付的职工薪酬时，贷记本科目；当医药企业实际支付职工薪酬时，借记本科目；本科目期末通常为贷方余额，反映医药企业应付未付的职工薪酬，详见表 7-9 所示。

表 7-9 应付职工薪酬账户的核算内容及其结构表

应付职工薪酬

借方	贷方
期初余额：××× ＋实际支付的各项薪酬	期初余额：××× ＋应由本月负担但尚未支付的职工薪酬
期末余额：表示多付职工的薪酬	期末余额：表示应付未付职工的薪酬

4. "库存商品" 库存商品是指医药企业库存的各种产品和商品，包括已经完工入库的各种产品、外购的商品等的实际成本，我们用"库存商品"科目来进行核实。"库存商品"科目属于资产类科目。本科目可按库存商品的种类、品种和规格等进行明细核算。医药企业产品完工入库时，借记本科目；因出售等原因而减少库存商品时，贷记本科目；本科目期末借方余额，反映医药企业库存商品的实际成本（进价）或计划成本（售价），详见表 7-10 所示。

表7-10　库存商品账户的核算内容及其结构表

库存商品

借方	贷方
期初余额:××× +增加的库存商品的实际成本	+各种原因减少的库存商品的实际成本
期末余额:库存商品的实际成本	

三、核算举例

1. 直接费用归集的账务处理

【经济业务7-10】2013年6月白云药业中药生产车间生产乌鸡白凤丸产品,领用人参2000kg,黄芪500kg,甘草300kg,地黄200kg。上述药品的单价分别为人参250元/kg,黄芪24元/kg,甘草10元/kg,地黄20元/kg。

材料从仓库领出,则库存的"原材料"减少,记入"原材料"账户的贷方;同时投入车间的在产品生产成本增加,记入"生产成本"账户的借方。生产时领用的材料应依次记入"原材料"账户。故医药企业应编制分录如下:

借:生产成本—乌鸡白凤丸　　　　　　　　　　　　　　　519 000
　贷:原材料—人参　　　　　　　　500 000(2000×250=500 000)
　　　　—黄芪　　　　　　　　　　12 000(500×24=12 000)
　　　　—甘草　　　　　　　　　　　3000(300×10=3000)
　　　　—地黄　　　　　　　　　　　4000(200×20=4000)

【经济业务7-11】2013年6月车间为生产乌鸡白凤丸产品共发生电费3000元,白云药业尚未缴纳此费用。

此笔电费属于车间生产产品时发生的,可以直接归属于产品的直接费用,借记"生产成本"。同时医药企业未缴纳电费使得负债增加,贷记"应付账款"科目。

借:生产成本—乌鸡白凤丸　　　　　　　　　　　　　　　3000
　贷:应付账款　　　　　　　　　　　　　　　　　　　　　3000

2. 间接费用归集的账务处理

【经济业务7-12】2013年6月工厂生产管理部门用电2000元,白云药业尚未缴纳此费用。

电费是工厂管理部门耗用,不能直接归属于产品,应记入"制造费用"的借方;同时由于未付电费形成负债记入"应付账款"的贷方。故医药企业应编制分录如下:

借:制造费用—生产管理部门　　　　　　　　　　　　　　2000
　贷:应付账款　　　　　　　　　　　　　　　　　　　　　2000

【经济业务7-13】6月月末经过计算之后,乌鸡白凤丸产品应分摊【经济业务7-12】中的生产管理部门电费500元。

乌鸡白凤丸产品负担了500元的制造费用,引起了制造费用的减少,记入"制造费用"的贷方;制造费用的结转同时引起了生产成本的增加,借记"生产成本"科目。

借:生产成本—乌鸡白凤丸　　　　　　　　　　　　　　　500
　贷:制造费用—生产管理部门　　　　　　　　　　　　　　500

3. 人工成本核算的账务处理

【经济业务7-14】白云药业6月月末确认当期应付给生产人员的薪酬为50 000元,其中A产品直接生产人员薪酬20 000元,B产品直接生产人员薪酬16 000元,车间生产管理人员薪酬14 000元。薪酬通过建设银行转账的形式已经支付完毕。

编制分录时一定要区分好直接费用和间接费用。直接生产人员的薪酬属于直接费用,可以直接记入生产成本,而车间生产管理人员的薪酬属于间接费用,记入"制造费用"。医药企业计算确认应付职工薪酬时,一方面表明医药企业产品生产费用增加,借记"生产成本"和"制造费用"的借方,另一方面表明医药企业应付给职工的本薪增加,贷记"应付职工薪酬"科目。

生产人员的职工薪酬的会计分录编制如下:

借:生产成本—A产品	20 000
—B产品	16 000
制造费用	14 000
贷:应付职工薪酬	50 000

用建行转账的方式支付完毕职工薪酬的会计分录编制如下:

借:应付职工薪酬—工资	50 000
贷:银行存款—建设银行	50 000

如果月末A产品分摊了车间生产管理人员的薪酬8000元,则会计分录编制如下:

借:生产成本—A产品	8000
贷:制造费用	8000

4. 产成品成本核算的账务处理

【经济业务7-15】6月月末,白云药业完工乌鸡白凤丸产品一批,验收入库,该批完工产品生产成本共计400 000元。

产品完工入库,一方面表明库存商品增加,借记"库存商品",另一方面表明车间的在产品因完工而减少,贷记"生产成本"。故应编制分录如下:

借:库存商品—乌鸡白凤丸	400 000
贷:生产成本—乌鸡白凤丸	400 000

 点滴积累

1. 生产成本是指产品完工入库前发生的各项支出。它由直接费用和间接费用两部分组成。

2. 直接费用,是指产品制造过程中,直接用于产品生产的材料、生产工人的工资和福利费、其他费用等,它直接计入产品的生产成本。

3. 间接费用,是指内部生产经营单位为组织和管理生产经营活动而发生的共同费用和不能直接计入产品成本的各项费用。

4. 核算产品的直接费用时应借记"生产成本"科目,按照领用的材料贷记"原材料"科目,或者按照所发生的直接人工成本贷记"应付职工薪酬"科目。

5. 核算产品的间接费用时应借记"制造费用"科目,按照领用的材料贷记"原材料"科目,或者按照所发生的直接人工成本贷记"应付职工薪酬"科目。期末需将"制造费用"分配并结转入"生产成本"科目。

第四节 产品销售过程经济业务的核算

销售过程是医药企业将验收入库的产成品投放市场销售出去,取得销售收入的过程。在销售过程中,医药企业一方面以现金、银行存款、应收账款等方式取得收入,另一方面还会发生一些为实现收入而产生的支出,详见图 7-4 所示。

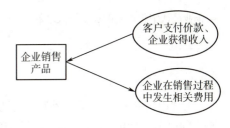

图 7-4 企业销售过程示意图

一、账户设置

核算销售过程的经济业务设置的主要账户有"主营业务收入"、"主营业务成本"、"应收账款"、"销售费用"等。

1."主营业务收入" "主营业务收入"是损益类科目,核算医药企业确认的销售商品、提供劳务等主营业务形成的收入。医药企业确认实现营业收入时,贷记本科目;借方登记发生的销售退回或销售折让以及期末转入"本年利润"账户的收入;期末本科目无余额,详见表 7-11 所示。

表 7-11 主营业务收入账户的核算内容及其结构表

主营业务收入

借方	贷方
+发生的销售退回或销售折让 +期末转入"本年利润"账户的收入	+企业销售商品确认的主营业务收入

2."应收账款" "应收账款"科目属于资产类科目,它是用来核算医药企业因销售商品等经营活动应收取的款项。借方登记应收取的各项款项;贷方登记实际收回的应收款项。如果期末余额在借方,表示应收而未收回的款项;如果期末余额在贷方,表示预收的款项,详见表 7-12 所示。

表 7-12 应收账款账户的核算内容及其结构表

应收账款

借方	贷方
期初余额:××× +应收的各种款项	+实际收回的款项
期末余额:应收而未收回的款项	期末余额:预收的款项

3."主营业务成本" "主营业务成本"是损益类科目,它是用来核算医药企业确认销售商品等主营业务收入时应结转的成本。医药企业确认发生的主营业务成本时,借记本科目;发生销售退回的产品或期末将本科目的余额转入"本年利润"科目的数额,贷记本科目。期末结转后本科目应无余额,详见表 7-13 所示。

表7-13 主营业务成本账户的核算内容及其结构表

主营业务成本

借方	贷方
+ 企业确认销售产品的成本转入之数	+ 发生销售退回的产品或期末将本科目的余额转入"本年利润"科目的数额

4."销售费用""销售费用"也是损益类科目,核算医药企业销售商品和材料、提供劳务的过程中发生的各种费用,包括保险费、包装费、展览费和广告费、商品维修费、运输费、装卸费等。医药企业在销售商品过程中发生各种经营费用时,借记本科目;期末,将本科目余额通过贷方转入"本年利润"科目,结转后本科目无余额,详见表7-14所示。

表7-14 销售费用账户的核算内容及其结构表

销售费用

借方	贷方
+ 产品销售过程中确认的各项销售费用	+ 期末将本期销售费用转入"本年利润"账户的数额

二、核算举例

1. 销售产品的账务处理

【经济业务7-16】白云药业将一批药品售给友邦药业公司,售价200 000元,已经从友邦药业公司收到款项并存入建设银行(不考虑增值税)。

医药企业将产品售出,销售款项也已收到,表明医药企业营业收入增加、存款增加。医药企业确认营业收入增加应贷记"主营业务收入",而存款增加应借记"银行存款"。会计分录编制如下:

借:银行存款—建设银行　　　　　　　　　　　　　　　200 000
　　贷:主营业务收入　　　　　　　　　　　　　　　　　　　200 000

在现实生活中,医药企业销售自己生产的商品给客户,有些客户可以做到货到即付,但是也有些客户由于资金周转等问题而无法及时向医药企业支付货款。这时医药企业为了稳定住自己的销售客户往往会同意这些无法及时支付的客户给予一定时间的支付宽限期。例如【经济业务7-16】中,如果该客户由于资金运转困难,白云药业同意该客户3个月后再支付货款,会计分录又如何编制呢?

针对上述这种情况,我们需要介绍会计科目"应收账款",它是专门核算医药企业应收但是未收到的款项。"应收账款"是与"应付账款"相对应的科目。

【经济业务7-17】白云药业将一批药品售给友邦药业公司,总售价为200 000元,由于友邦药业公司目前资金运转困难,白云药业同意该客户3个月后再支付货款,药品已经运至客户指定仓库(不考虑增值税)。

医药企业将产品售出,款项未收到时医药企业确认营业收入增加,同时应收款也增加。营业收入增加贷记"主营业务收入"科目,应收款增加借记"应收账款"科目。故会计分录编制如下：

借：应收账款   200 000

    贷：主营业务收入   200 000

一个月后，友邦公司先行支付了一半的货款。医药企业实际收回了一半的货款，则应收款减少，贷记"应收账款"科目；另外收回的货款马上存入银行，则银行存款增加，借记"银行存款"科目。

借：银行存款—建设银行   100 000

    贷：应收账款   100 000

【经济业务 7-18】在【经济业务 7-16】中白云药业销售了一批药品给友邦药业公司。批库存药品的成本为 70 000 元。

医药企业处于销售商品的阶段，为获得收入，将库存商品的所有权出让、并交付了商品，表明医药企业库存商品减少，贷记"库存商品"科目；主营业务成本增加，借记"主营业务成本"科目。故会计分录编制如下：

借：主营业务成本   70 000

    贷：库存商品   70 000

我们已经介绍了"原材料"、"生产成本"、"库存商品"、"主营业务成本"科目，这几个科目的关系详见图 7-5 所示。

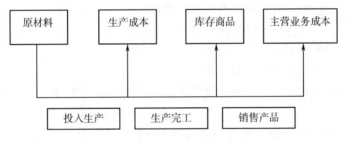

图 7-5 原材料、生产成本、库存商品、主营业务成本关系图

2. 其他费用的账务处理

【经济业务 7-19】白云药业销售一批药品给友邦药业公司，依照达成的买卖协议，白云药业需将药品运至客户指定的仓库。现白云药业以现金方式支付药品运输费 1000 元。

医药企业以现金支付销售运费，一方面现金减少，贷记"库存现金"科目；同时销售费用增加。故会计分录编制如下：

借：销售费用   1000

    贷：库存现金   1000

我们已经介绍了"制造费用"和"销售费用"科目以及其应用。其实在会计科目中专门设定了四大会计科目来核算发生的不同性质的费用。它们分别是"制造费用"、"销售费用"、"财务费用"、"管理费用"，这四个费用科目的关系和核算内容详见图 7-6 所示。

"管理费用"、"财务费用"账户设置与"销售费用"账户基本一致。医药企业确认发生管理费用或财务费用时，在科目借方登记；期末将科目借方余额结转入"本年利润"科目时，贷记本科目；结转后无余额。

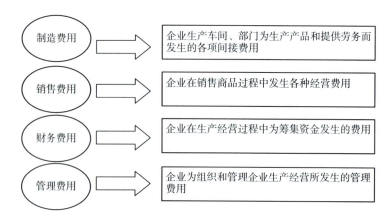

图7-6 四大费用科目的核算内容

课堂活动

　　白云药业发生的如下费用属于"制造费用"、"销售费用"、"财务费用"、"管理费用"中的哪一种?

　　1. 生产车间的一台药品生产设备损坏而产生的维修费用;

　　2. 销售员小李去外地出差发生的费用;

　　3. 销售部门内的一台电脑本月提折旧费;

　　4. 会计员小王购买财务部门用办公用品费;

　　5. 公司管理部门秘书小张的工资;

　　6. 公司管理部门本月发生的电费;

　　7. 公司向银行申请了6个月的短期贷款,6个月后公司支付该笔债务的利息。

　　【经济业务7-20】7月白云药业会计员小王计算确认本月应付行政部门人员工资总数20 000元。

　　医药企业确认当月应付职工薪酬时,一方面医药企业应付职工薪酬(负债)增加,贷记"应付职工薪酬"科目;同时表明行政管理活动产生的工资费用增加,此费用归入管理费用,借记"管理费用"科目。故会计分录编制如下:

　　借:管理费用　　　　　　　　　　　　　　　　　　　　　　　　20 000
　　　　贷:应付职工薪酬　　　　　　　　　　　　　　　　　　　　　　　　20 000

 **点滴积累**

　　1. 销售过程是医药企业将验收入库的产成品投放市场销售出去,取得销售收入的过程。

　　2. 核算销售过程的经济业务设置的主要账户有"主营业务收入"、"主营业务成本"、"应收账款"、"销售费用"等。

　　3. 企业销售产成品时根据客户支付现金、银行转账或者赊购货款分别借记"库存现金"、"银行存款"或者"应收账款",贷记"主营业务收入"科目。

　　4. 销售产成品时应同时借记"主营业务成本"科目,贷记"库存商品"科目。

第五节 利润形成和利润分配业务的核算

利润是指医药企业在一定会计期间的经营成果。医药企业经营的目的就是要达到以自己的经营收入抵补其支出,并为投资者提供一定的投资收益。这也是医药企业持续经营的重要基础。

利润一般公式:利润 = 收入 – 支出(图 7-7)

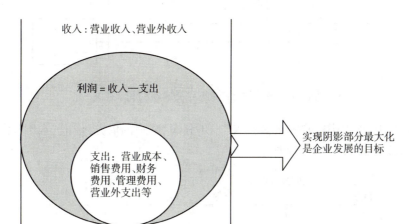

图 7-7 利润一般公式示意图

在会计处理中,我们又将利润细化成三个概念,它们分别是:营业利润、利润总额、净利润。本章节不作详细介绍。

一、账户设置

在利润核算的过程中,我们一般用"本年利润"来核算会计期间内医药企业实现的净利润(或发生的净亏损),它属于所有者权益类科目。医药企业期末结转利润时,应将各损益类科目的金额转入本科目,结平各损益类科目。结转后本科目的贷方余额为当期实现的净利润;借方余额为当期发生的净亏损,详见表 7-15 所示。

表 7-15 本年利润账户的核算内容及其结构表

本年利润

借方	贷方
+ 主营业务成本 + 其他业务成本 + 销售费用 + 管理费用 + 财务费用等	+ 主营业务收入 + 其他业务收入等
期末余额:×××(表示发生的亏损总额)	期末余额:×××(表示实现的利润总额)

会计期末,收入、收益类账户的余额转入"本年利润"账户的贷方,贷记"本年利润";借记有关收入、收益类账户,详见图 7-8 所示。

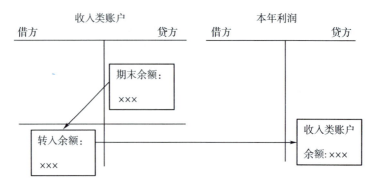

图 7-8 收入类账户期末结转本年利润示意图

将有关费用、支出类账户的余额转入"本年利润"账户的借方,借记"本年利润";贷记有关费用、支出类账户,详见图 7-9 所示。

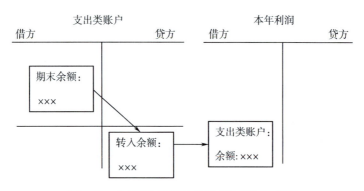

图 7-9 支出类账户期末结转本年利润示意图

二、核算举例

【经济业务 7-21】假设本章【经济业务 7-16】期末结转"本年利润"。

收入发生时贷记"主营业务收入"科目,在期末则应全额从借方转出。因此,白云药业会计期末应编制会计分录如下:

借:主营业务收入 200 000
　　贷:本年利润 200 000

【经济业务 7-22】假设本章【经济业务 7-18】期末结转"本年利润"。

支出发生时借记"主营业务成本"科目,在期末则应全额从贷方转出。因此,白云药业会计期末应编制会计分录如下:

借:本年利润 70 000
　　贷:主营业务成本 70 000

根据【经济业务 7-21】和【经济业务 7-22】可知(假设本期只发生这一笔销售业务),结转损益科目后,"本年利润"科目余额详见表 7-16 所示:

表 7-16 本年利润

借方	贷方
70 000	200 000
	130 000

则白云药业实现盈利 130 000 元。

 点滴积累

1. 利润是指医药企业在一定会计期间的经营成果。
2. 利润一般公式:利润 = 收入 − 支出
3. 医药企业期末结转利润时,应将各损益类科目的金额转入"本年利润"科目,结平各损益类科目。

第六节　固定资产相关业务的核算

一、固定资产的基本概念

1. 固定资产的概念

医药企业的正常运转离不开固定资产的投入,固定资产是医药企业生产产品、提供劳务、出租或者经营管理的物质基础。例如房屋、建筑物、机器、机械、运输工具以及其他与生产经营活动有关的设备、器具、工具等。

根据我国《企业会计准则》中的相关规定,固定资产具有以下几个特征:①为生产商品提供劳务出租或经营管理而持有;②单位价值较高;③使用寿命超过一个会计年度;④属于有形资产。

 课堂活动

李英在一家医药有限公司实习,她被安排在生产车间协助会计王丽清查车间内的固定资产。李英现在感到很困惑,下面这些物品哪些可以列入固定资产的范围内呢?

1. 为了生产新研制的药物而购入 2000kg 价值 10 万元的植物提取粉末;
2. 中药粉碎机价值 2 万元,预计使用年限 20 年;
3. 药品生产用干燥设备价值 15 万元,预计使用年限 15 年;
4. 为了监督药品生产过程而花费 8 万元购入一批摄像头和药品监管软件,预计使用年限 5 年;
5. 车间主任的办公桌,价值 10 000 元。

2. 固定资产的折旧

折旧对于固定资产的核算是非常重要的概念。固定资产折旧就是将记入固定资产价值的金额,随着固定资产的使用、损耗,将购置价款采用折旧的方法逐步转移到生产成本和相关费用中去。例如:企业在 2008 年花费 5 万元购买的电脑,2013 年这台电脑报废经估价只值 1 千元。经历了 5 年的时间,这台电脑的价值从 5 万元变为 1 千元,差价为 4 万 9 千元。我们就将这个差价作为资产的折旧进行账务处理。固定资产折旧的方法有很多,这里详细介绍最常用的折旧方法—年限平均法。

年限平均法又称直线法,是指将固定资产的应计折旧额均衡地分摊到固定资产预计使用寿命内的一种方法。采用这种方法计算的每期折旧额均相等。年限平均法的计算公式如下:

$$年折旧额 =(固定资产原值 - 净残值)/ 预计使用寿命(年)$$

【经济业务 7-23】白云药业有限公司在 2008 年花费 5 万元购买的电脑,2013 年这台电脑报废经估价只值 1 千元。那么电脑每年应分摊多少折旧额?

电脑折旧额总计 =50 000-1000=49 000 元

折旧年限 =2013-2008=5 年

每年应分摊的折旧额 =49 000/5=9800 元

【经济业务 7-24】白云药业有限公司在 2003 年花费 10 万元购买一台颗粒摇摆机,2013 年这台机器报废,残值为 0 元。那么这台颗粒摇摆机每年应分摊多少折旧额?

机器折旧额总计 =100 000-0=100 000 元

折旧年限 =2013-2003=10 年

每年应分摊的折旧额 =100 000/10=10 000 元

二、账户设置

1.“固定资产” “固定资产”科目核算医药企业持有固定资产的原价。它属于资产类账户。当医药企业因购入或通过其他方式取得可直接投入使用的固定资产时,借记本科目;因处置而减少固定资产时,贷记本科目;本科目期末余额在借方,反映医药企业实际持有的固定资产的原始价值。医药企业可以按照固定资产类别、项目或用途等不同进行明细核算,详见表 7-17 所示。

表 7-17 固定资产账户的核算内容及其结构表

固定资产

借方	贷方
期初余额:××× + 增加的固定资产的原始价值	+ 减少的固定资产的原始价值
期末余额:企业实际持有的固定资产的原始价值	

2.“累计折旧” 前面我们已经介绍了资产折旧的概念以及常用的固定资产折旧方法。折旧的账务处理一般是通过“累计折旧”科目进行核算。“累计折旧”属于资产类科目,它是用来核算医药企业固定资产的累计折旧。医药企业按月计提固定资产折旧时,贷记本科目;待固定资产变卖、报废等原因而注销固定资产原价的同时,转销相应的累计折旧,借记本科目;本科目期末贷方余额,反映医药企业固定资产的累计折旧额,详见表 7-18 所示。

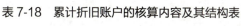

表 7-18　累计折旧账户的核算内容及其结构表

累计折旧

借方	贷方
因固定资产原始价值减少而注销已计提的折旧额	期初余额：××× 计提的折旧额
	期末余额：表示企业现有固定资产累计已计提的折旧额

三、核算举例

1. 固定资产购入的账务处理

【经济业务 7-25】2013 年 5 月 2 日，白云药业有限公司向美国 ×× 公司购入生产用设备一批价值 20 000 元，由于公司资金紧张与 ×× 公司协商后同意半年后再支付价款，现设备已经验收并安装完毕。

医药企业购入设备，则医药企业固定资产增加，借记"固定资产"科目；同时，款项未付则医药企业负债增加，贷记"应付账款"科目。故应编制分录如下：

借：固定资产　　　　　　　　　　　　　　　　　　　　　　　　20 000
　　贷：应付账款—美国 ×× 公司　　　　　　　　　　　　　　　　　　　20 000

课堂活动

如果上述例题中，白云药业用银行转账的方式及时将该批设备的价款一次付清，那会计分录如何编制？

在现实生活中，设备一旦购置并不能马上投入使用，有些设备需要请专业人士安装后才能使用。这种情况下购入的固定资产应先通过"在建工程"科目核算设备及安装成本，待安装完毕，设备可投入使用后，再将全部成本转入"固定资产"科目。

2. 固定资产提折旧的账务处理

【经济业务 7-26】白云药业当年计提颗粒摇摆机的折旧，共计 10 000 元。

固定资产折旧是在固定资产用于产品生产过程而发生的价值损耗，它是间接费用，并不能直接归属于产品，需要通过归集、分配，最后转入"生产成本"。医药企业对固定资产计提折旧，一方面表明医药企业所有在产品应承担的间接生产费用增加，借记"制造费用"；另一方面计提折旧，贷记"累计折旧"。故应编制如下会计分录：

借：制造费用　　　　　　　　　　　　　　　　　　　　　　　　10 000
　　贷：累计折旧　　　　　　　　　　　　　　　　　　　　　　　　10 000

后经过计算，乌鸡白凤丸产品负担了 5000 元的折旧费用，故会计分录编制如下：

借：生产成本—乌鸡白凤丸　　　　　　　　　　　　　　　　　　　5000
　　贷：制造费用　　　　　　　　　　　　　　　　　　　　　　　　5000

点滴积累

1. 固定资产是医药企业生产产品、提供劳务、出租或者经营管理的物质基础。它具有如下几个特征:为生产商品提供劳务出租或经营管理而持有;单位价值较高;使用寿命超过一个会计年度;属于有形资产。

2. 固定资产折旧就是将记入固定资产价值的金额,随着固定资产的使用、损耗,将购置价款采用折旧的方法逐步转移到生产成本和相关费用中去。

 目标检测

一、单项选择题

1. 下列费用应计入产品生产成本的是( )

  A. 车间办公费   B. 人事科办公费

  C. 行政办公室购买办公文具费   D. 某领导报销差旅费

  E. 企业招待重要客户发生的费用

2. "累计折旧"账户属于( )

  A. 资产类   B. 负债类   C. 费用类   D. 成本类   E. 收入类

3. 利润是反映企业在一定时期内的( )

  A. 财务状况   B. 经营成果   C. 营业利润   D. 营业收入   E. 营业费用

4. 假设某企业只生产一种产品,为生产该产品发生直接材料费用160万元,直接人工费用30万元,制造费用40万元,企业行政管理费用20万元,则本期可以记入"生产成本"科目的金额( )万元

  A. 160   B. 230   C. 190   D. 250   E. 180

5. 企业从银行中提取3000元作为备用金使用,则会计分录为( )

  A. 借:制造费用   3000

         贷:银行存款   3000

  B. 借:其他应收款   3000

         贷:银行存款   3000

  C. 借:银行存款   3000

         贷:库存现金   3000

  D. 借:库存现金   3000

         贷:银行存款   3000

  E. 借:库存现金   3000

         贷:应付账款   3000

二、多项选择题

1. 以下属于资产类项目的是( )

  A. 应付账款   B. 应收账款   C. 累计折旧

  D. 固定资产   E. 主营业务收入

2. 以下账户中期末一般没有余额的是( )

  A. 生产成本   B. 制造费用   C. 管理费用

D. 主营业务收入   E. 银行存款

3. 以下费用中应记入管理费用的是（   ）

    A. 公司管理人员工资   B. 车间管理人员差旅费   C. 销售产品运杂费

    D. 行政人员差旅费   E. 借款产生的利息费用

4. 下列选择中会引起"本年利润"账户借方增加（   ）

    A. 本期发生管理费用 1000 元

    B. 本期实现销售收入 20 000 元

    C. 本期销售商品而产生的运费 3000 元

    D. 本期收到租金 5000 元

    E. 本期银行账户收到之前客户的欠款 5000 元

5. "应付账款"账户的期末贷方余额不反映（   ）

    A. 已偿还的应付账款

    B. 已冲销的无法支付的应付账款

    C. 尚未支付的应付账款

    D. 企业购买商品发生的应付账款

    E. 预付的账款

三、简答题

1. 企业筹集资金的渠道主要有哪几种？

2. 材料的采购成本包括哪些内容？

3. 什么是费用？简述费用的分类。

4. 什么是利润？如何计算利润？

（刘　芸）

第八章 会 计 报 表

学习目标

1. 掌握会计报表的编制要求和编制方法。
2. 熟悉资产负债表、利润表的内容。
3. 了解会计报表的作用、种类。

导学情景

情景描述：

药剂班的李佳毕业后到某医药公司工作，适逢月初，因会计请假，公司领导交代李佳拿着会计报表去税务局帮公司申报税务事宜。李佳利用自己所掌握的会计报表知识，很好地完成了领导交办的事情，得到了领导的肯定与好评。

学前导语：

会计工作的目的，是向企业的管理者和与企业有关的外部各利益关系集团提供决策有用的会计信息。在会计制度和会计准则规范下，会计人员通过填制和审核会计凭证、登记账簿等会计核算方法，对企业所发生的各种经济业务，虽然已经进行了连续、系统、全面地记录，但是，这些日常核算资料比较庞杂、分散，不能集中、概括、相互联系地反映企业的经济活动及其经营成果的全貌。要解决这一问题，就需要对日常的会计核算资料做进一步的加工整理，并按照一定的要求和格式，定期编制会计报表。

第一节　会计报表的作用、种类和编制要求

一、会计报表的作用

会计报表是根据日常会计核算资料定期编制的，总括反映企业在某一特定日期的财务状况和某一会计期间的经营成果以及成本费用情况的书面报告文件。编制会计报表是会计核算的一种专门方法。

会计报表的作用，可概括为以下五个方面：

1. 为企业内部的经营管理者进行日常经营管理提供必要的信息资料。
2. 为投资者进行投资决策提供必要的信息资料。
3. 为债权人提供企业的资金运转情况和偿债能力的信息资料。

4. 为财政、工商、税务等政府部门提供对企业实施管理和监督的各项信息资料。

5. 为企业内部审计机构和外部审计部门检查、监督企业的生产经营活动,提供必要的信息资料。

二、会计报表的种类

会计报表可以按照不同的标准进行分类。

课堂活动

同学们,会计报表的种类有哪些?

1. 按经济内容分类 资产负债表、利润表、现金流量表。

2. 按服务对象分类 内部报表、外部报表。

3. 按编制单位分类 基层报表、汇总报表。

4. 按编制时间分类 年报、半年报、季报、月报。

5. 按资金运动状态分类 静态会计报表(如"资产负债表")、动态会计报表(如"利润表")。

知识链接

会计报表的报送期限:①月报应于月度终了后 6 天内(节假日顺延,下同)对外提供;②季报应于季度终了后 15 天内对外提供;③半年报应于年度中期结束后 60 天内对外提供;④年报应于年度终了后 4 个月内对外提供。

三、会计报表的编制要求

会计报表的编制要求主要包括:内容完整、数字真实、计算准确、编报及时。

1. 内容完整 会计报表必须按照国家规定的报表种类和内容填报,不得漏填漏报。

2. 数字真实 数字真实是指会计报表与报表编制企业的客观财务状况、经营成果和现金流量相吻合。

3. 计算准确 在各会计报表中需要计算填列的项目,必须根据《企业会计准则》《企业财务通则》和《行业会计制度》中规定的计算口径、计算方法和计算公式进行计算,不得任意删减和增加。

4. 编报及时 编报及时是指企业应按规定的时间编报会计报表,及时逐级汇总,以便报表的使用者能够及时、有效地利用会计报表资料。

点滴积累

1. 会计报表是根据日常会计核算资料定期编制的,总括反映企业在某一特定日期的财务状况和某一会计期间的经营成果以及成本费用情况的书面报告文件。

2. 会计报表的分类。①按经济内容分类:资产负债表、利润表、现金流量表;②按服务对象分类:内部报表、外部报表;③按编制单位分类:基层报表、汇总报表;④按编制时间分类:年报、半年报、季报、月报;⑤按资金运动状态分类:静态会计报表、动态会计报表。

3. 会计报表的编制要求:内容完整、数字真实、计算准确、编报及时。

第二节 资产负债表

一、基本内容

资产负债表是反映企业某一时点(月末、季末或年末)全部资产、负债和所有者权益情况的会计报表。资产负债表是以"资产 = 负债 + 所有者权益"为基础进行编制的,是反映企业静态财务状况的一种基本报表。

(一)资产负债表的组成

1. 表头 ①报表的名称;②编制单位;③编制日期;④金额单位。

2. 报表内容 企业各项资产、负债和所有者权益各项目的年初数和期末数。

3. 报表附注 对报表基本内容中未予以反映但又为使用者所需的信息。

> **课堂活动**
>
> 资产负债表的编制基础是什么?

(二)资产负债表的结构

我国企业的资产负债表采用账户式结构。账户式资产负债表分左右两方,左方为资产项目,右方为负债和所有者权益项目。根据会计恒等式的基本原理,左方的资产总额等于右方的负债和所有者权益总额,即"资产 = 负债 + 所有者权益"。资产负债表项目是按其流动性由强到弱的顺序排列的。负债项目按其偿还期由短到长的顺序排列;所有者权益项目是按其构成的稳定性由大到小的顺序排列,结构如表 8-1。

表 8-1 资产负债表的结构

资产	负债和所有者权益
流动资产	流动负债
	长期负债
非流动资产	所有者权益
资产总计	负债和所有者权益总计

(三)资产负债表的编制方法

1. 表中各项目"年初数"的填列。资产负债表"年初数"栏内各项数字,应根据上年末资产负债表"期末数"栏内所列数字填列。如果本年度资产负债表规定的各个项目的名称和内容同上年度不一致,应对上年末资产负债表各项目的名称和数字按照本年度的规定进行调整,填入表中"年初数"栏内。

2. 表中各项目"期末数"的填列:根据会计账簿记录填列。其中,大多数项目可以直接根据账户余额填列,少数项目则要根据账户余额进行分析,计算后填列。具体有以下几种填列方法:

(1)直接根据有关的总分类账户的余额填列:资产负债表中大多数项目都是采用这种方法填列。如表中资产类的交易性金融资产、应收票据、应收股利、应收利息、其他应收款、固定资产清理、工程物资等项目,表中负债和所有者权益类的短期借款、应付票据、应付职工薪酬、应付股利、应交税费、其他应交款、其他应付款、应付债券、长期应付款、专项应付款、实收资本、资本公积、盈余公积等项目均是采用这种方法填列。

（2）根据有关的总分类账户的余额分析、计算填列：采用这种方法填列的项目主要有：货币资金、其他应收款、存货、长期股权投资、持有至到期投资、在建工程、无形资产、长期待摊费用、未分配利润。下面就有关项目予以说明。

1）"货币资金"项目，应根据"库存现金"、"银行存款"、"其他货币资金"三个账户的期末余额合计填列。

2）"其他应收款"项目，应根据"其他应收款"账户的期末余额减去"坏账准备"账户中有关其他应收款计提的坏账准备的期末余额后的余额填列。

3）"存货"项目，本项目应根据"物资采购"（或者"在途材料"）、"原材料"、"材料成本差异"、"周转材料"、"自制半成品"、"库存商品"、"委托加工物资"、"生产成本"等账户的期末余额合计，减去"代销商品款"、"存货跌价准备"账户的期末余额后的金额填列（如果材料采用计划成本核算、库存商品采用计划成本或售价核算的企业，还应按加或减材料成本差异、商品进销差价后的金额填列）。

4）"长期股权投资"项目，应根据"长期股权投资"账户的期末余额减去"长期投资减值准备"账户中有关股权投资减值准备的期末余额后的金额填列。

5）"持有至到期投资"项目，应根据"持有至到期投资"账户的期末余额减去"持有至到期投资减值准备"账户中有关债权投资减值准备的期末余额和一年内到期的非流动资产后的金额填列。

6）"在建工程"项目，应根据"在建工程"账户的期末余额减去"在建工程减值准备"账户的期末余额后的金额填列。

7）"无形资产"项目，应根据"无形资产"账户的期末余额减去"无形资产减值准备"账户的期末余额后的金额填列。

8）"长期待摊费用"项目，应根据"长期待摊费用"账户的期末余额减去一年内（含一年）摊销的数额后的金额填列。"长期待摊费用"账户中将于一年内到期的部分，在"一年内到期的非流动资产"项目中反映。

9）"未分配利润"项目，应根据"本年利润"账户和"利润分配"账户的余额计算填列。

（3）根据有关明细类账户的余额分析、计算填列：采用这种方法填列的具体项目有应收账款、预付账款、应付账款、预收账款等，下面分别说明：

1）"应收账款"和"预收款项"项目，应根据"应收账款"和"预收账款"账户所属各明细账户的期末借方余额合计，减去"坏账准备"账户中有关应收账款计提的坏账准备的期末余额后的金额填列。如果期末余额为借方余额，则在"应收账款"项目内填列；如果期末余额为贷方余额，则在"预收账款"项目内填列）。

2）"预付款项"项目，应根据"预付账款"和"应付账款"账户所属各明细账户的期末借方余额合计填列（如果"预付账款"所属有关明细账户期末有贷方余额的，应在本表"应付账款"项目内填列；如果"应付账款"所属明细账有借方余额的，也应包括在本项目内）。

3）"应付账款"项目，应根据"应付账款"和"预付账款"账户所属各明细账户的期末贷方余额合计填列（如果"应付账款"账户所属各明细账期末有借方余额，应在本表"预付账款"项目内填列）。

（4）根据报表中有关项目加或减填列：采用这种方法填列的有流动资产合计、非流动资产合计、流动负债合计、非流动负债合计、所有者权益合计。

综上所述,资产负债表中资产类项目的金额,大多是根据资产类账户的借方余额填列,如果出现贷方余额,则以负号列示;负债和所有者权益类项目的金额,大多是根据负债类账户和所有者权益类账户的贷方余额填列,如果出现借方余额,如"未分配利润"项目出现借方余额,表示未弥补亏损,则以负号列示。

二、经济业务实例

【经济业务 8-1】白云药业有限责任公司 2013 年 8 月 31 日科目余额表如表 8-2 所示。

表 8-2 科目余额表

白云药业有限责任公司　　　　　　　2013 年 8 月 31 日　　　　　　　单位:元

科目名称	借方余额	贷方余额	科目名称	借方余额	贷方余额
现金	1000		短期借款		300 000
银行存款	305 000		应付票据		75 000
其他货币资金	165 000		应付账款	15 000	157 500
短期投资	75 000		其他应付款		7500
短期投资跌价准备		2000	应付款		22 500
应收票据	15 000		应付福利费		45 000
应收账款	300 000		应交税金		60 000
坏账准备—应收账款		35 000	其他应交款		105 000
坏账准备—其他应收款		10 000	预提费用		120 000
其他应收款	22 500		长期借款		727 500
在途物资	90 000		(其中 1 年内到期)		75 000
材料	275 000		实收资本		1 500 000
低值易耗品	26 500		资本公积		150 000
库存商品	120 000		盈余公积		750 000
待摊费用	60 000		(其中公益金)		250 000
长期股权投资	650 000		利润分配		34 500
长期债权投资	350 000				
固定资产	2 026 500				
累计折旧		455 000			
在建工程	60 000				
合计	4 541 500	502 000	合计	15 000	4 054 500

根据上述资料,该公司 2013 年 8 月 31 日的资产负债表(期末栏数)见表 8-3。

表 8-3 资产负债表(简表)

会企 01 表
单位:元

白云药业有限责任公司　　　　　　　　　2013 年 8 月 31 日

资产	年初数	期末数	负债和所有者权益 (或股东权益)	年初数	期末数
流动资产:	略		流动负债:	略	
货币资金		471 000	短期借款		300 000
短期投资		73 000	应付票据		75 000
应收票据		15 000	应付账款		157 500
应收股息			应付工资		22 500
应收账款		265 000	应付福利费		45 000
其他应收款		12 500	应付利润		
预付账款		15 000			
存货		511 500	应交税金		60 000
待摊费用		60 000	其他应交款		105 000
一年内到期的长期债权投资			其他应付款		7500
其他流动资产			预提费用		120 000
流动资产合计		1 423 000	一年内到期的长期负债		75 000
长期投资:			其他流动负债		
长期股权投资		650 000	流动负债合计		967 500
长期债权投资		350 000	长期负债:		
长期投资合计		1 000 000	长期借款		652 500
固定资产:			长期应付款		
固定资产原价		2 026 500	其他长期负债		
减:累计折旧		455 000			
固定资产净值		1 571 500	长期负债合计		652 500
工程物资					
在建工程		60 000	负债合计		1 620 000
固定资产清理			所有者权益:		
固定资产合计		1 631 500	实收资本		1 500 000
无形资产及其他资产:			资本公积		150 000
无形资产			盈余公积		750 000
长期待摊费用			其中:法定公益金		250 000
其他长期资产			未分配利润		34 500
无形资产及其他资产合计			所有者权益合计		2 434 500
资产总计		4 054 500	负债和所有者权益总计		4 054 500

点滴积累

1. 资产负债是反映企业某一时点（月末、季末或年末）全部资产、负债和所有者权益情况的会计报表。
2. 资产负债表是以"资产＝负债＋所有者权益"为基础进行编制的，是反映企业静态财务状况的一种基本报表。
3. 我国企业的资产负债表采用账户式结构。账户式资产负债表分左右两方，左方为资产项目，右方为负债和所有者权益项目。
4. 资产负债表需填列"期末数"、"年初数"两栏，但不同科目填列方法不同。

第三节 利 润 表

一、基本内容

利润表，是指反映企业在一定会计期间的经营成果的会计报表。利润表所提供的各项指标是企业一定期间经营活动的结果。通过利润表可以了解企业某一期间实现净利润或发生亏损情况；分析企业利润计划的执行情况及利润增减变化的原因；评价企业经济效益的高低；判断企业的盈利能力以及未来的盈利趋势。

课堂活动

利润表与资产负债表在反映会计事项的时间状况上最主要的区别是什么？

（一）利润表的格式和内容

利润表按格式主要有单步式利润表和多步式利润表两种。

单步式利润表是将所有收入和所有费用、损失分别加总，然后两者相抵，计算出当期净利润。多步式利润表是将收支的内容作多项分类，通过多步计算，得出本期净利润。

多步式利润表便于投资者对企业的生产经营情况进行分析，并且可以与其他企业进行比较，还有利于预测企业今后的盈利趋势。目前，我国股份制企业的利润表采用多步式结构，主要包括以下四部分内容：

（1）主营业务利润，反映企业日常主要经营业务所获得的收入和成本、费用、税金以及利润；

（2）营业利润，即主营业务利润再加上企业其他经营业务活动所取得的利润；

（3）利润总额，即营业利润再加企业取得的投资收益、发生的营业外收入，减发生的营业外支出等之后的利润；

（4）净利润，即企业实现的利润总额扣除所得税之后的利润。

一般企业利润表的格式与内容如表8-5所示。

（二）利润表的编制方法

利润表各项目均需填列"本期金额"和"上期金额"两栏。

"本期金额"栏根据"营业收入"、"营业成本"、"营业税金及附加"、"销售费用"、"管理费用"、"财务费用"、"资产减值损失"、"公允价值变动损益"、"营业外收入"、"营业外支出"、"所得税费用"类科目的发生额分析填列。其中，"营业利润"、"利润总额"、"净利润"项目根据

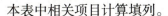

本表中相关项目计算填列。

"上期金额"栏应根据上年该期利润表"本期金额"栏内所列数字填列。如果上年该期利润表各个项目的名称和内容同本期不相一致,应对上年该期利润表各项目的名称和数字按本期的规定进行调整,填入"上期金额"栏。

二、经济业务实例

【经济业务实例8-2】2013年8月31日,白云药业有限责任公司损益类账户的发生额如表8-4所示。

表8-4　损益类账户发生额

白云药业有限责任公司　　　　　　　　2013年8月31日　　　　　　　　单位:元

科目名称	贷方发生额	科目名称	借方发生额
主营业务收入	1 600 000	主营业务成本	920 000
其他业务收入	80 000	营业费用	70 000
投资收益	30 000	主营业务税金及附加	48 000
营业外收入	4000	其他业务支出	50 000
		管理费用	100 000
		财务费用	30 000
		营业外支出	16 000
		所得税	158 400

根据所给资料编制白云药业有限责任公司2013年8月"利润表"。

表8-5　利润表

会企02表

白云药业有限责任公司　　　　　　　　2013年8月31日　　　　　　　　单位:元

项目	行次	上期金额	本期金额
一、主营业务收入		略	1 600 000
减:主营业务成本			920 000
主营业务税金及附加			48 000
二、主营业务利润			632 000
加:其他业务利润			30 000
减:营业费用			70 000
管理费用			100 000
财务费用			30 000
三、营业利润			462 000
加:投资收益			30 000
营业外收入			4000
减:营业外支出			16 000
四、利润总额			480 000
减:所得税			158 400
五、净利润			321 600

点滴积累

1. 利润表,是指反映企业在一定会计期间的经营成果的会计报表。利润表所提供的各项指标是企业一定期间经营活动的结果。
2. 利润表按格式主要有单步式利润表和多步式利润表两种。单步式利润表是将所有收入和所有费用、损失分别加总,然后两者相抵,计算出当期净利润。多步式利润表是将收支的内容作多项分类,通过多步计算,得出本期净利润。多步式利润表便于投资者对企业的生产经营情况进行分析,并且可以与其他企业进行比较,还有利于预测企业今后的盈利趋势。目前,我国股份制企业的利润表采用多步式结构,

目标检测

一、单项选择题

1. 反映企业在某一特定日期资产、负债和所有者权益状况的报表是( )
   A. 资产负债表　　　　　　　B. 利润表　　　　　　　　C. 所有者权益变动表
   D. 现金流量表　　　　　　　E. 利润分配表

2. 反映企业在一定时期经营成果的会计报表是( )
   A. 资产负债表　　　　　　　B. 利润表　　　　　　　　C. 利润分配表
   D. 现金流量表　　　　　　　E. 所有者权益变动表

3. 下列属于静态报表的是( )
   A. 资产负债表　　　　　　　B. 利润表　　　　　　　　C. 所有者权益变动表
   D. 现金流量表　　　　　　　E. 所有者权益变动表

4. 企业会计核算的最终成果是( )
   A. 会计凭证　　　　　　　　B. 会计账簿　　　　　　　C. 会计报表
   D. 会计分析报告　　　　　　E. 明细账

5. 资产负债表的"应收账款"项目根据( )计算填列
   A. 账面价值　　B. 贷方余额　　C. 借方余额　　D. 总额　　　　E. 明细账

二、多项选择题

1. 会计报表的使用者有( )
   A. 投资者　　　　　　　　　B. 债权人　　　　　　　　C. 国家经济管理机关
   D. 各级主管机关　　　　　　E. 企业内部管理人员

2. 会计报表的编制必须做到( )
   A. 数字真实　　B. 计算准确　　C. 内容完整　　D. 编报及时　　E. 客观科学

3. 属于流动资产的是( )
   A. 应收及预付账款　　　　　　　　　　　B. 一年内到期的非流动资产
   C. 存货　　　　　　　　　　　　　　　　D. 累计折旧
   E. 货币资金

4. 在编制资产负债表时需要根据若干明细账户的期末余额计算填列的有( )
   A. 存货　　B. 应收账款　　C. 预付账款　　D. 应付账款　　E. 货币资金

5. 编制资产负债表时,下列项目可根据总分类账户的期末余额直接填列( )

A. 交易性金融资产   B. 应收票据   C. 应收账款

D. 短期借款   E. 在建工程

三、简答题

1. 简述会计报表的种类。

2. 简述资产负债表的内容。

3. 简述利润表的内容。

（周建华）

第九章　医院药品管理中的会计知识应用

学习目标

1. 掌握药品管理流程和医院药品管理软件的操作应用。
2. 熟悉药品管理办法。
3. 了解药品管理的意义。
4. 具有良好的人际沟通能力、团队合作精神。

导学情景

情景描述：

药剂班的王林毕业前夕到某医院药房实习，年终医院药品盘点，因临近春节，医院患者很多工作非常忙，又要进行盘点，这下把药房工作人员难倒了。王林向药房主任主动提出参与盘点，他结合学校所学的医院药品管理的知识，有条不紊地帮助药房工作人员进行年终盘点工作，得到了药房领导和同事的一致称赞。这一阶段的实习让王林充分认识到在学校中的学习和操作是非常重要的。

学前导语：

药品具有占医院物资消耗比重大的特点，加强医院药品管理，提高资金使用效率，是医院财务管理的重要手段，医院药品管理中的会计知识是学生日后在医院药房领域工作中所涉及的会计知识的重要内容，从基层卫生院到各大医院都会涉及，本章概论就将带领大家学习医院药品管理中的会计知识。

第一节　医院药品管理概述

课堂活动

为什么要进行药品管理？我国药品管理的实施办法有哪些？

一、医院药品管理的意义

药品是人们用于防治疾病的重要手段之一，也是医疗机构开展医疗工作重要的物质基础。药品管理主要是指对医疗机构医疗、科研所需药品的内控制度、采购、价格、分配、使用等的管理。

医院药品是医院为开展正常的医疗业务,用于诊断、治疗疾病的特殊商品,具有品种多、数量大、价格不统一、经常变动、频繁领用、占用医院流动资金比重较大等特点。医院的医疗服务过程中,药品的消耗在医院各种物资消耗中占有非常大的比重,医疗资金的重要组成部分就是药品的储备和周转。因此,提高医院药品财务管理具有重要现实意义,主要体现在:首先,药品是医院开展医疗业务的必需品,良好的药品管理能够保障医院医疗业务的开展;其次,真实完整的药品会计信息能够有效反映医院药品的数量等信息;最后,良好的药品财务管理能够加速医院资金周转,降低消耗,从而提高医院经济效益。

二、医院药品管理的办法

规范、合理的规章制度是实现科学管理的必须条件,良好的管理制度能促进医院药品管理工作顺利开展。药房要根据国家卫生和计划生育委员会、国家食品药品监督管理总局颁布的《中华人民共和国药品管理法》(以下简称《药品管理法》)、《医疗机构药事管理规定》等法律法规,结合医院的相关要求和实际情况制订出各项科学、可行的规章制度,严把采购、保管、使用关,保障人民健康。

(一) 西药管理

1. 采购 ①药品采购员由药学技术人员担任,严格遵守采购工作程序,熟悉《药品管理法》、国家、地方和医院各项规章制度及相关法律(包括《中华人民共和国价格法》、《中华人民共和国合同法》、《中华人民共和国招标投标法》等)。②药品采购员负责全院的药品采购供应工作,根据每月由计算机输出各类药品消耗动态,按时编制药品分期采购计划,经有关领导研究批准后方可采购。在供应正常情况下库存量一般为2~4个月,特别注意解决药品紧缺与积压两方面矛盾,摸准用药规律,把握药品市场动态,掌握供求信息,严把质量关,不进"三无"及伪劣药品和非药品,坚持按主渠道进药,确保购药质量。健全外部调整网络和内部流通体系,预见药品前景,把握最佳购入时机,对抢救急用药品积极组织进货,保证医疗需要。③药品采购工作应坚持公开、公平、公正的原则,以医院和患者的利益为出发点,严禁任何科室和人员收受现金、礼品、赞助外出等形式的回扣或变相回扣。

2. 验收入库 国内药品严格按照部颁标准、《中华人民共和国药典》的要求实施检查;对于国外进口药品,严格按照《进口药品管理办法》相关规定以及国务院、国家卫生和计划生育委员会授权的药品检验所的检验报告验收。对合格验收的药品,应详细核对并记录其药品名、批准文号、规格、数量、生产批号、厂家商标、有效期限等,与原始收据核对无误后方可分批入库。药库管理人员在入库时需对照单据逐批入库,做好详细记录,并对药品外观质量进行抽样检查。

3. 保管 保管药品的库房建筑必须坚固、干燥、通风。易燃易爆药品需保管入危险品库内。防火安全设施要齐备。库存药品按性质、剂型分大类,再按药理作用系统存放,注意药品的储存温度,需低温保存药品应在冰箱内存放,需避光药品注意放在非光照处,定期检查。做好防霉、防虫、防鼠措施。特殊药品特殊管理,对毒、麻、精神、放射类药物应严格按照《药品管理法》做到"五专"管理,严禁与其他药物放到一起。对贵重药物应交予专人管理和发放。药库保管员应经常检查药品质量情况和药品效期,调整近效期药品,遵循按效期药品先出原则。药剂科有完善的药品账、卡进行统计,定期清查盘点,做到账物相符。

4. 调配 配方人员必须认真负责,严格执行操作规程,收方后执行查对制度,核对处方内容无误后,方可调配。处方调配要细心、迅速、准确,核对签字。对麻醉药品、医疗用毒性药品,精神类药品的调配必须按其有关规定审方、调配。如发现问题及时与医师联系更改后再调配,药剂人员不得私自更改。对急救抢救用药随到随配随发,不得延误。

5. 使用 门诊药房供门诊患者使用,住院药房药品供住院患者使用,急诊药房供急诊患者使用。药剂人员必须把好使用关,对麻醉药品、毒性药品、精神类药品、贵重药品的使用,必须依据有关规定,专方、限量使用,消耗要逐日统计。自费药品要严格管理,不得用于公费处方。杜绝滥开方,开大方,对不合理用药的处方,药剂人员可拒绝调配。

(二)中药管理

1. 采购 根据业务性质和工作范围,参考计算机输出药品消耗动态及不同季节用药情况,编制采购计划,经有关领导批准后进行采购,正常情况下库存量限定 1~2 个月,对季节性较强、市场紧缺的品种和部分中药饮片,可根据实际情况适当增加库存量。采购药品必须严格按《药品管理法》规定执行,不得购进伪劣、变质和非医用药品。采购药品必须检查生产单位、批准文号、批号、注册商标、有效期限等项目。采购中药材和饮片,必须注意真伪鉴别和炮制质量,凡不符合规定要求和质量标准的不得购入。采购人员自觉遵守财务管理制度,廉洁自律,遵守国家法律法令,严把药品质量关,确保人民用药安全。

2. 验收入库 严把验收关是临床用药安全的重要步骤,中药的真伪、优劣、霉变、虫蛀、掺假问题比较突出,验收应按规定做好验收记录,记载供货单位、数量、到货日期、品名、规格、生产厂商、生产日期、质量状况、验收结论和验收人员等内容,实施批准文号管理的中药饮片还应记载药品的批准文号和生产批号。中成药需按规定验收核对。验收合格后按原始凭证填写入库单及时入账,要求账物相符。

3. 保管 中药保管视药物不同特性采取相应的贮存方法,按药物性质、入药成分或账号次序分类保管,注意室内干燥、通风,掌握好室温与光线对药物的影响。不具芳香性的根茎叶花宜放木箱阴凉处,气味芳香及贵重药品宜密闭于瓷器内,易生虫又不宜爆晒的需熏蒸;果实、种子类需密闭于瓷罐及缸中防鼠;动物脏器及胶类药品需保存于盛石灰装置的瓷罐中;对毒性药品、麻醉药品需专人专柜加锁保管。

4. 调配 中药调剂室负责全院各临床科室所用中药的调配,调剂人员根据本院医师签名处方进行调配。严格按配方、发药操作规程操作,坚持一审方、二核价、三配方、四核对、五发药的程序。称量要准确,如一方多剂者分包要等量;如需"先煎"、"后下"、"烊化"、"冲服"、"包煎"等药品应单包,并注明煎服方法。调配毒性药品需经两人核对,调配后量具应及时清洗干净,处方调配后经第二人核对无误后实行双签字再行发出,急症处方随到随配方发药,不得延误。

5. 使用 中药饮片出库应执行先产先出、先进先出、易变先出的原则,不合格饮片一律不得出库。调配毒性中药及精神类药物必须遵守《医疗用毒性药品管理办法》和《精神药品管理办法》管理使用,贵重药品都应有专人、专柜保管。药剂科需建立登记、逐方销存、定期检查,账物要相符。紧缺药品的使用只应用于配方中,不得以单味药出售,并注意向临床介绍其代用品性能以弥补配方上的缺药。

(三)特殊药品管理

特殊药品是指麻醉药品、精神药品、医疗用毒性药品和放射性药品,《药品管理法》规定对上述药品实行特殊的管理办法。

1. 麻醉药品 麻醉药品系指连续使用后易产生身体依赖性且能成瘾的药品,麻醉药品只限于医疗、教学、科研使用,麻醉药品的采购、保管、调配、使用必须按照《麻醉药品管理办法》执行,麻醉药品处方权由医师以上职称,经医务科审批方可执行、签字字样由药房备查。

药剂科对麻醉药品严格执行"五专"管理,即专橱加锁、专册登记、专账消耗、专用处方和专人负责管理。控制针剂两日常用量,片、酊剂不超过三日常用量。杜绝滥用、防止流失。对晚期癌症患者执行申领麻醉药品专用卡的暂行规定,管好"专用卡"的发放、使用和管理。处方书写要规范并注明病情,处方计价、调配、核对、发出必须签全名,班班交接,逐日登记消耗,科主任定期检查,处方保存三年备查。

2. 精神药品 精神药品是直接作用于中枢神经系统,使之兴奋或抑制,连续使用能够产生依赖性的药品。医师应根据医疗需要合理使用精神药品,严禁滥用。

一类精神药品每方不超过三日常用量,二类精神药品每方不超七日常用量,实行专柜保管。一类精神药品需逐日登记消耗,定期检查。精神药品定期盘点,处方保存两年备查。

3. 医疗用毒性药品 医疗用毒性药品系指药理作用剧烈、治疗剂量与中毒剂量相近、用量不当会致人中毒或死亡的药品。毒性药品的收购、供应、使用必须按《医疗用毒性药品管理办法》执行。必须建立保管、验收、领发、使用核对制度,须有责任心强、业务熟练的中级以上药师负责保管,专柜加锁,专账登记。毒性药品包装容器及存放专柜必须印有毒药标志。

医疗用毒性药品凭医师规范处方进行调配,每日不超过两日剂量,配方人员必须认真、负责、称量准确,中级以上职称药师复核、签名盖章发出。对未注明"生用"中药,应当付炮制品,调配毒性药品用具必须随时清洗干净,技工炮制毒性药品必须按照《中华人民共和国药典》或省、自治区、直辖市制定的《炮制规范》的规定执行,处方保存三年备查。

4. 其他非医疗毒性试剂药品 非医疗性毒性试剂药品的管理使用,应与医疗用毒性药品的管理使用相同,由责任心强的专人负责,专柜加锁双人保管、专账登记调入与使用,调配毒性试剂时必须做好个人防护。称量、配液需双人复核实行双签字。所有毒性试剂配制单保存两年备查。

（四）新药引进管理

对新药的药学、临床疗效等内容进行科学评估;建立健全新药引进的相关组织;制定详细的新药申请制度和新药评审制度;制定新药引进后的跟踪调查制度,可以使医院的新药引进工作更加透明化、科学化,并防止新药引进中的不正之风。

三、医院药品管理存在的问题及对策

药品作为医院进行医疗业务的必需的物质保障,由于医院医疗服务的多样化、复杂化造成医院药品数量与种类的繁多,给医院药品管理带来一定的困难。

（一）医院药品管理存在的问题

1. 药品采购预算控制不合理。药品采购预算控制相对较弱,科学性和计划性不强。采购中心与药库、药房、临床科室、财务部门之间缺乏有效的沟通与协调,导致药品采购预算没有科学合理的依据。采购预算调整现象常有出现,缺少对药品需求、药品库存、药品临床使用情况的分析和预测,达不到"定额管理,定量供应"的控制要求,削弱了药品采购预算的约束控制能力。

课堂活动

我国药品管理存在哪些问题,针对这些问题应该采取什么措施呢?

2. 药品库存混乱,储存成本高:①药品管理系统性弱,缺乏正确分类和合理科学的编码。②医院储备的药品种类、数量繁多,大量的药品储备使得医院资金过多地停留在药品存货中,必然会导致医院资金的机会成本增加,医院的资本利息就不免有所损失,管理费用、储存成本及机会成本都会增加。因此,在保证医院药品正常运转和控制药品成本支出两者之间要做出权衡。

3. 药品盘点缺乏重视,账实不符。很多医院缺乏科学的量化考核体系和完善的制约监督机制,导致药品流失严重、账实不符、盘盈盘亏经常发生,而且难以说清具体原因,盈亏状况不按时报送院财务部门及时进行财务处理,而是逐月累计,造成盘亏金额越积越大,出现财务难以进行账务处理而长期挂账的情况。

4. 药品会计基础工作薄弱。财务部门平时对药品管理只起到会计核算和付款的作用,对药品采购预算、药品验收入库、药品库存管理、药品领用等日常工作参与较少,对药品业务的具体流程不甚了解,导致财务和药品管理流程中各业务的办理相脱节,从而也无法对药品管理相关部门实施必要的内部监督和有效的内部会计控制。

5. 医院整体的信息化管理水平较低。目前多数医院虽已采用计算机管理,但由于信息化水平较低,针对医院药品种类数量众多、流动性强、变换频繁、时常进行药品调价等一系列特征,给药品的库存管理带来较大的难度,进行药品数量与金额的确定也比较困难,使得药品管理无法准确、高效地进行,药品从入库到出库、使用难以跟踪调查。

6. 医院缺乏科学、完善的药品管理考核评价指标体系。在药品日常管理中,因缺乏一定的考核评价机制,造成相关人员在药品管理中松懈,医院药品管理效率低下。同时,对药品管理进行考核的指标体系不完善,指标的选取不具代表性,降低了药品管理考核的有效性。

针对上述问题,为了保障患者的用药安全,提高医院的效益,就需要我们科学的管理药品,定期检查药品质量,制定相应的管理制度,加强对药品的监管,实现制度化和规范化的管理来保证药品质量并加强医疗安全。

(二)医院药品管理对策

1. 强化采购预算管理。采购中心与药库、药房、临床科室、财务部门之间加强沟通与协调,制定合理的采购预算,一旦制定,不得随意调整。定期对药品需求、药品库存、药品临床使用情况进行分析和预测,加强采购预算控制能力。根据药库上报的采购计划进行审核,考虑临床使用进度,合理安排采购,防止药品积压,增加库存成本。

2. 改善药品库存秩序,降低库存成本。第一,药品要做到分类可控,有迹可循。按照药理、使用频次、剂型、常规用药、处方药等进行分类编号。第二,对药品进行 ABC 分类管理。根据医院药库药品购进金额把药品进行 ABC 分类。① A 类药品大多为价格较高的常用针剂,由于品种相对集中,占用金额大,应加强经常性的盘点,随时清点库存,采取最佳最短采购周期。② B 类药品为价格居中、消耗量偏大的品种,采购周期以月消耗量来确定。对于 B 类药品管理,可按固定时间检查,即进行每旬盘点,在可能的范围内,适度地减少 B 类药品的库存量,节约管理成本。③ C 类药品大多为常用的急救药品和单价低、用量少的一线治疗用药,也包括一些备用药品和外用制剂等,可以适当增加库存量,加长采购时间间隔,减少运输次数,也就是减少运输费用,保持较大的安全库存量等。

3. 严格执行药品盘点制度。库存药品的盘点必须有财务及相关部门人员监督,药品会计与仓管员应及时记账,日清月结,对药品及其他物资的数量进行核对,做到账账相符。对库存药品要实行每月定期盘点制度,财务部门每月要与药品管理部门核对账目,保证账账相符,账实相符。对于发生的差异,应查明原因,分清责任,并及时报告有关部门。

4. 加强药品会计核算分析控制。加强药品会计人才培养,担任药品会计人员必须具有会计从业资格,熟悉财经制度,熟知会计的相关法律知识,还需要具备一定的药学知识。药品会计要注重药品各项财务指标分析,编制药品动态分析表,定期对各项衡量药品的财务指标进行核算分析。

5. 注重医院信息系统建设。首先,要注重医院信息系统与财务核算统一的数据接口。医院信息系统要定位在加强医院内部控制,注重各部门信息的共享协调。其次,医院信息系统要能够实现对药品数量和金额的双重管理,能够快速、便捷地查询到药品的价格、数量、批次、有效期等基本信息,从而有助于药品的有效管理。最后,医院信息系统要实现对药品从进入医院至流出医院的跟踪查询,从而全面实现医院药品管理的规范化、标准化。

6. 建立责任追究制度,实行多层次监督。第一,严格控制药品损耗率,报废药品必须遵循利益远离的原则。实物必须交审计(财务)和纪检部门验收,报经领导批准后,由验收部门监督销毁;对超正常损耗的药品,要求责任人按照责任大小进行赔偿。由于人为因素造成重大损失的,要追究相应的责任。第二,建立健全有效的院内监督机制,实行行政监督、质量监督、群众监督相结合的监督机制。

 点滴积累

1. 医院药品管理主要是指对医疗机构医疗、科研所需药品的内控制度、采购、价格、分配、使用等的管理。
2. 医院药品管理分为西药管理、中药管理、特殊药品管理、新药引进管理等。
3. 药品管理存在的问题有六个方面。
4. 医院药品管理对策的六个要点。

第二节　医院药品核算管理流程及操作实例

规范药品的核算管理流程,首先应该加强管理流程的认识,这不仅是医院财务部门的事情,还涉及招标办、物流中心及临床科室等多个部门,药库、药店、财务、临床科室之间相互监督,各负其责。对药品的采购、入库、领用调拨、报损、消耗等要按规定程序办理有关手续,必要时需报请院领导签字,

 **课堂活动**

药品核算管理流程有哪些? 药库药品如何核算? 药房药品如何核算?

会计方可准确进行会计核算。药品会计应每月编制药店药品进销存明细表,并按期与财务部门的有关收入账进行核对,做到账账相符、账实相符。药库药品核算管理流程有药品购入核算、药品出库核算、药品收入核算、药品成本核算、药品盘点核算。

一、药品购入核算

医院对药品的核算要制定相应的管理制度。建立健全药品出入库制度,提高内部控制意识,抓好药品采购、入库、保管、出库、领用等环节。同时,通过信息化系统加强管理,设置

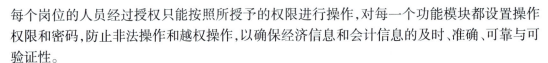

每个岗位的人员经过授权只能按照所授予的权限进行操作,对每一个功能模块都设置操作权限和密码,防止非法操作和越权操作,以确保经济信息和会计信息的及时、准确、可靠与可验证性。

(一) 药品采购的管理及流程

药品采购首先要查询供货单位的质量状况,是否具备三证,即"合格证"、卫生行政部门颁发的"许可证"、工商管理部门颁发的"营业执照",然后从多种渠道了解该企业信誉状况。在实际操作中,医药一般实行定点采购,利用互联网实行集中招标采购。药品采购必须实行招标议标,认真筛选货源,确保药品优质优价。严禁采购假药、劣药,严禁采购无批准文号、无批号、无注册商标、"健"字号等与治疗无关及手续不全的药品;禁止采购过期失效及质量不合格的药品。药品采购人员应有高度的责任感,紧密配合临床用药,有计划地采购药品,可以成立招标采购办公室,加强药品采购的透明度,减少中间环节,节约采购成本。以某医院为例,其采购具体流程图详见图 9-1 所示。

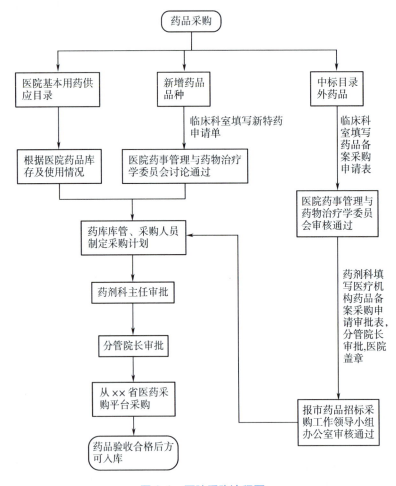

图 9-1 医院采购流程图

(二) 药品入库的管理及流程

药品的购入必须建立健全入库手续,药品入库时,药库保管员应对药品的品种、规格、数量、质量、价格、供应商、厂商、生产批号等与采购计划和送货单(或发票)进行核对,药品会计现场监督。其中药品的质量检查验收尤为重要,一般包括对药品外观性状的检查;对药品包装、标签、说明书及标识的检查。药品验收必须按照药品质量检查验收流程进行验收、质检人员必须严格按照《医院药品验收记录》登记并逐批验收合格,对不符合规定的和临近有效期的药品拒绝验收入库,并及时进行退换处理。验收合格后,由药品保管员输入电脑,如有调价事宜,据有关文件进行调价。月末将核对无误且经药剂科主管核签后的发票、药品送货单、药品入库明细表交给财务科,药品会计根据以上单据入账。

以某人民医院为例,药品验收入库具体流程图详见图9-2所示。

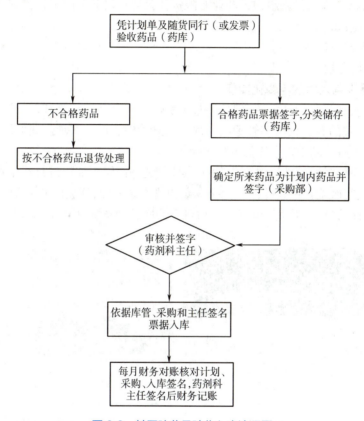

图9-2 某医院药品验收入库流程图

(三) 药品采购入库的会计核算

医院购入药品核算应在"库存物资"科目下设置"药品"明细科目,如库存物资—药品—药库(药房)—西药(中药)。采购药品及时入库,填写药库药品入库单一式三联,第一联由药品库房留存,第二联与发票一起交财务部门审核,作为药品购入的凭证。每月月底,财务部门按不同的医药公司来汇总当月的药品入库单,填写药库药品入库汇总表。根据药品入库汇总表,作会计分录如下:

借:库存物资—药品—药库—西药

—中药

贷:应付账款—药品

入库后,财务部门编制付款计划,一般情况下,于上交发票后三个月内付款给供应商,会计分录如下:

借:应付账款—药品

　　贷:银行存款

【经济业务9-1】2013年1月1日,某医院从白云药业有限责任公司购入西药300 000元,中药100 000元。财务部门根据药品入库汇总表,填制记账凭证,作会计分录如下:

借:库存物资—药品—药库—西药　　　　　　　　　　　　　　300 000

　　　　　　　　　　—中药　　　　　　　　　　　　　　　　100 000

　　贷:应付账款—药品　　　　　　　　　　　　　　　　　　　400 000

5月1日,财务部门付款给白云药业有限责任公司。财务部门根据付款计划,填制记账凭证,作会计分录如下:

借:应付账款—药品　　　　　　　　　　　　　　　　　　　　400 000

　　贷:银行存款　　　　　　　　　　　　　　　　　　　　　　400 000

(四) 药品采购入库的电算化操作

随着计算机和互联网技术的普遍运用,医院也将整个药品核算和保管流程向电算化发展。目前,各医院的药品核算和管理流程都在信息管理软件中实现。我们以医药管理系统软件为例具体讲解药品采购入库的电算化操作。

我们以某医院医用信息管理软件为例,具体阐述在医院中如何进行药品入库管理。

首先,进入某医院管理软件,双击图标■,出现登录界面,详见图9-3所示。

输入药库保管员"用户名"和"口令"后进入药库管理系统,详见图9-4所示。

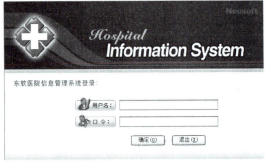
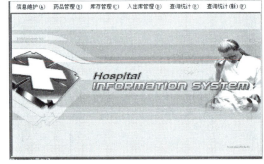

图9-3　某医院管理软件登录界面　　　　　图9-4　医院药库管理系统界面

　　1. 新药品的基础数据录入　【药品管理】→【药品基本信息维护】,点击【增加】录入新药品入库的信息,如商品名称、药品类别、药品性质等。点击【保存】按钮。

　　2. 药库药品入库　首先,需要增加供货公司。点击【信息维护】→【供货公司维护】→【增加】,录入新增加的供应商的信息,点击【保存】按钮。其次,进行入库操作,点击【入出库管理】→【药品入库】,选择【操作类别】及添加【目标单位】,【操作类别】分为一般入库和发票入库。一般入库,是指从供应商处购入药品时药品正常入库的情况,其中一种是发票和药品一并入库,另一种为发票未随货入库;发票入库,是指当药品和发票未同时入库时,即药品先入库,供应商在后期向医院提供发票的情况。药品保管员必须在发票到达后,将发票号填入对应的药品入库批号。

【经济业务9-2】2013年1月1日,某医院从白云药业有限责任公司购入阿莫西林胶囊100盒,医院在药库中进行一般入库操作。

1. 新药品的基础数据录入　点击【药品管理】→【药品基本信息维护】→【增加】,详见图 9-5 所示。

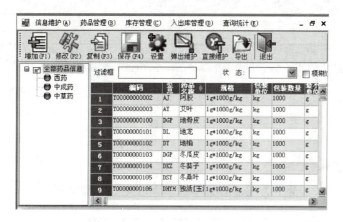

图 9-5　医院新增药品信息维护界面

录入新药品入库的信息,商品名称:阿莫西林胶囊,药品类别:西药,药品性质:普药,点击【保存】按钮,详见图 9-6 所示。

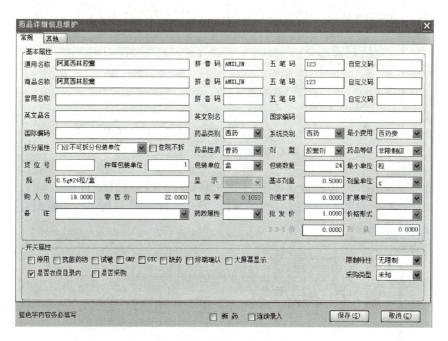

图 9-6　医院药品详细信息维护对话框

2. 药库药品入库　点击【信息维护】→【供货公司维护】→【增加】,录入新增加的供应商白云药业公司的信息,点击【保存】按钮。过滤框中输入白云药业,即可看到新增加的公司,详见图 9-7 所示。

入库操作:点击【入出库管理】→【药品入库】,选择【操作类别】及添加【目标单位】:【操作类别】选择"一般入库"→【目标单位】选择发货的供应商"白云药业",录入药品入库的详细信息,点击【保存】即可,详见图 9-8 所示。

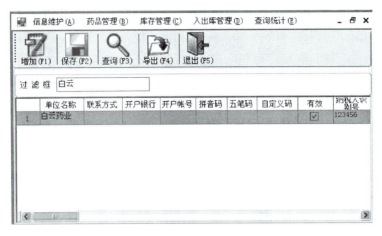

图 9-7 医院药品一般入库新增供货公司登录界面

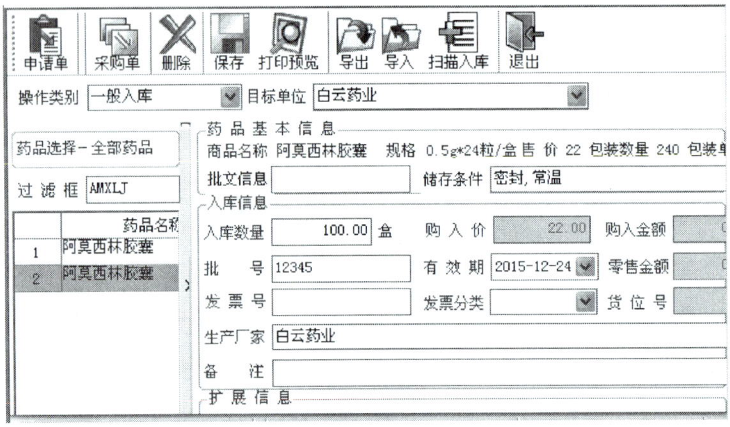

图 9-8 医院药品一般入库录入界面

【经济业务 9-3】沿用【经济业务 9-2】,医院在药库中进行发票入库操作。

同上操作,不同的是在【操作选择】中选择"发票入库"→【目标单位】选择供应商"白云药业",详见图 9-9 所示。

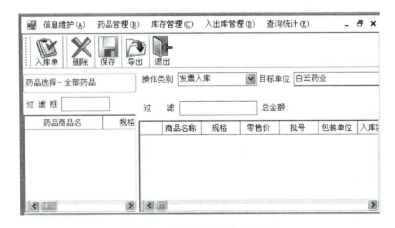

图 9-9 药品发票入库登录界面

然后点击【入库单】,输入时间段,状态选择"核准",点击【查询】,查找发票对应的药品批号,双击后打开,在相应的数据框填入正确的发票号,详见图 9-10、图 9-11 所示。

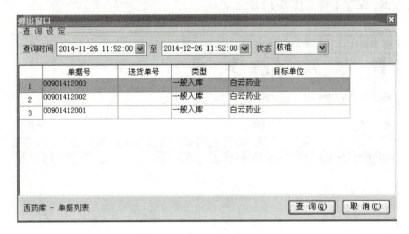

图 9-10 医院药品入库录入发票号对话框

图 9-11 医院药品一般入库录入发票界面

(五) 药库药品退库的核算

1. 入库退库,是指在药品入库的过程中,药品保管员发现药品的质量有问题,临近保质期或者供应商发错药品、数量与请购单不符。药库的药品保管员应该作入库退库处理。入库退库应作与入库相反的分录,如下:

借:应付账款—药品

　　贷:库存物资—药品—药库—西药

　　　　　　　　　　　　—中药

2. 在医院的药品管理软件中的具体操作方法　点击【入出库管理】→【药品入库】,【操作类别】选择"入库退库申请"→【目标单位】选择对应的供应商→在过滤框中录入退库药品的拼音字母的首字符→录入退库数量,点击【保存】。

【经济业务 9-4】2013 年 1 月 10 日医院发现本月 1 日从白云药业有限责任公司购入的阿莫西林胶囊中 10 盒有质量问题,医院便将药品退回白云药业,并在药品管理系统中入库退库操作。

进入药品管理软件,点击【入出库管理】→【药品入库】,【操作类别】选择"入库退库申请"→【目标单位】选择白云药业→在过滤框中录入退库药品的拼音字母的首字符→录入退库数量10,点击【保存】,详见图9-12所示。

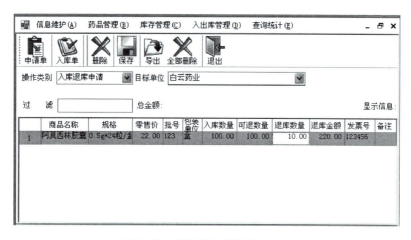

图9-12 医院药库药品退库界面

以上操作完成后,药库保管员需要根据一般入库单、入库退库单编制药品入库明细表(表9-1),并定期将其汇总表交由药品会计以便药品盘点。

表9-1 药品入库明细表

药品名称	规格	剂型	零售价	购入价	最小单位	包装数量	包装单位	库存数	购入金额	库存金额	生产厂家名称

分管领导:　　　　　　　　　　　药剂科主管:　　　　　　　　　　　药库保管员:

2013年12月1日,医院从白云药业有限责任公司购入西药300 000元,中药100 000元,医院如何将此购货信息登记录入系统?

二、药品出库核算

药品出库即为各药房向药库领药、药房发药、药房退库核算。

(一)药品领用管理流程

药品的领用应严格遵循药品出库领用手续,首先要由专门的中、西药房领药人员检查药品剩余数量,根据以往临床使用量计划药品数量,各药房及各科室应当提前填写药品领药单交由药库保管员领药。领用药品时,药品会计应根据各个药房领用药品的数量和规格,打印药品出库单,并由仓库保管人现场清点无误,与药品领用人共同签字后,方可确认领药。对于一些需要特殊保管的药品,如麻醉药品、精神药品,领用人还需填制《麻醉药品、一类精神药品领用发放登记表》,同时打印出库单签字后,确认领药。

在领购药品的过程中,药房保管员需要填写药品领用单(表9-2),并由药品领用人、药品保管员、药剂科主管和分管领导签字后,交由药库保管员备案。

表9-2 药品领用单

领用部门:　　　　　　　　　　　　　　　　　　　　　　　　　年　　月　　日

药品名称	数量	单价	零售价	批发价	用途	备注

分管领导:　　　　　药剂科主管:　　　　　药品保管员:　　　　　药品领用人:

填制完成领药单后,药品保管员再依据此单进行药品出库管理操作。

药房保管员根据领用单填制药品出库明细单(表9-3),填制完毕后交由药品会计记账以便药品盘点。

表9-3 药品出库明细表

状态	药品名称	规格	药品类别	药品性质	数量	单位	购入价	购入金额	零售价	金额	库存数量	库位号	库存金额	包装数量	包装单位	生产厂家	领用部门
合计																	

分管领导:　　　　　药剂科主管:　　　　　药库保管员:　　　　　药房保管员:

(二) 药品出库的会计核算

1. 各药房向药库领药会计核算

各药房向药库领药,是指门诊药房、住院部药房、急诊药房、药房保管员根据各科室的需要向药库领药(含中药和西药)。

目前,各医院在药房管理上均实现药库集中采购药品,发往各门诊药房、住院部药房、急诊药房,然后由各药房销售给患者的模式,一些特殊药品可以由各科室直接从药库领取。每月末,由库管上交药库出库汇总表,财务部门根据汇总表作会计分录如下:

借:库存物资—药品—药房—住院部药房

　　　　　　　　　—门诊药房

　　　　　　　　　—急诊药房

　贷:库存物资—药品—药库—西药

　　　　　　　　　—中药

【经济业务9-5】2013年1月31日,某医院药库有西药2 900 000元,中药29 000元,各药房领用明细为:住院部药房1 900 000元,门诊药房900 000元,急诊药房129 000元。财

务部门根据出库汇总表,编制记账凭证如下:

借:库存物资—药品—药房—住院部药房   1 900 000

　　　　　—门诊药房   900 000

　　　　　—急诊药房   129 000

　　贷:库存物资—药品—药库—西药   2 900 000

　　　　　—中药   29 000

2. 药房发药会计核算:

(1)各药房之间发药:

借:库存物资—药品—药房—×× 药房(收到药的药房)

　　贷:库存物资—药品—药房—×× 药房(发药的药房)

(2)药房发药给患者,月末统一结转药品成本:

借:医疗业务成本—药品—西药

　　　　　　—中药

　　贷:库存物资—药品—药房—住院部药房

　　　　　—门诊药房

　　　　　—急诊药房

3. 药房出库退库会计核算

指药房向药库作退库处理,主要是因为药品接近保质期,或者领用的药品出现质量、毁损等问题。会计核算如下:

借:库存物资—药品—药库药品—西药

　　　　　　—中药

　　贷:库存物资—药品—药房—门诊药房

　　　　　—住院部药房

　　　　　—急诊药房

【经济业务 9-6】2013 年 1 月 31 日,某医院药品退库明细为:门诊药房 5765 元,住院部药房 12 330 元,急诊药房 3560 元,其中,西药为 16 550 元,中药 5105 元。财务部门编制记账凭证如下:

借:库存物资—药品—药库药品—西药   16 550

　　　　　　—中药   5105

　　贷:库存物资—药品—药房—门诊药房   5765

　　　　　—住院部药房   12 330

　　　　　—急诊药房   3560

(三)药品出库的电算化操作

1. 药库出库管理　药库出库管理一般分为一般出库、出库退库、报损、特殊出库管理。一般出库指的是药库根据药房保管员开出的药品领用单向药房出药。

我们以某医院管理软件为例,具体阐述在医院如何进行药品出库管理。

进入药库药品管理界面→点击【入出库管理】中的"药品出库"→在【操作类别】中选择"一般出库"→【目标单位】选择领用单位名称→过滤框中输入出库药品的拼音字母的首字符,输入出库数量,保存。

【经济业务 9-7】2013 年 1 月 15 日,门诊西药房从药库领用阿莫西林胶囊 36 盒,在医院药库管理系统中进行出库操作。

进入药库药品管理界面→点击【入出库管理】中的"药品出库"→在【操作类别】中选择"一般出库"→【目标单位】选择门诊西药房→过滤框中输入出库药品的拼音字母的首字符,便出现商品名"阿莫西林胶囊",然后选择"阿莫西林胶囊"输入出库数量 36,保存,详见图 9-13 所示。

图 9-13 医院药库出库界面

2. 各药房向药库领药的入库管理 药品保管员从系统的登入界面登入药房药品管理系统,例如门诊部药房保管员输入自己的用户名和密码登入门诊部药房管理系统。

点击【库存管理】→【药品入库】→选择"内部入库管理"和"目标单位"→在过滤框中录入领用药品的拼音字母的首字符→在申请数量栏中填入领用药品的数量→点击【保存】。

【经济业务 9-8】沿用【经济业务 9-7】,在医院药房管理系统中进行入库操作。

进入门诊药房管理系统,点击【库存管理】→【药品入库】→选择"内部入库管理"和"目标单位"西药库→在过滤框中录入领用药品的拼音字母的首字符 AMXLJ →在申请数量栏中填入领用药品的数量 36 →点击【保存】,详见图 9-14 所示。

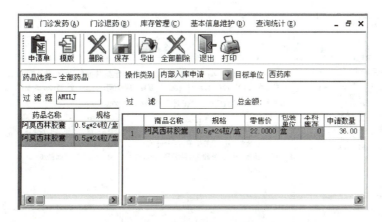

图 9-14 医院药房药品入库界面

3. 药房出库退库 在药房管理系统中,在【操作类别】中选择"出库退库"→【目标单位】选择领用单位名称→过滤框中输入退库药品的拼音字母的首字符,点击保存。

4. 报损、特殊出库 每月药品保管员要将药房临近有效期(一般是三个月以内)或者毁损、霉变、沉淀等有质量问题的药品下架，并填写《近效期、滞销、毁损药品退药单》，然后将药品送回药库。由药库保管员在管理系统中作报损、特殊出库操作。药房保管员需要及时补充药品上架。

5. 药房出库管理　门诊部药房的出库是指患者直接从门诊部药房领用药品或者各药房之间药品的调配，而住院部药房的出库是指具体的医院科室领用人从住院部药房领用药品或者各药房之间药品的调配。

1）门诊部发药：进入门诊部药房管理系统界面→点击【门诊发药】，进入门诊窗口，详见图9-15所示。

图9-15　医院药房发药对话框

选定发药窗口后，弹出患者的个人病例和医生开具的处方信息→点击"打印发票"，详见图9-16所示。

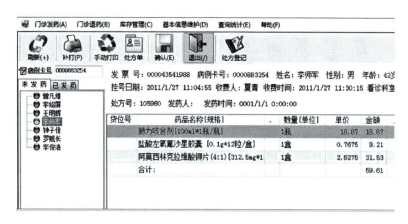

图9-16　医院药房发药界面

2）药房的一般出库，是指药房与药房之间药品的调配。例如从门诊药房调配药品到急诊药房。点击【库存管理】→选择"药品出库"→【操作类别】选择"一般出库"→【目标单位】选择需要调配药品的单位→过滤框中输入出库药品的拼音字母的首字符，详见图9-17所示。

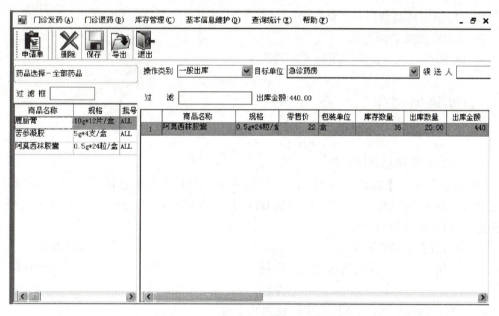

图 9-17 医院药房之间药品调配界面

三、药品收入核算

医院应在"医疗收入"下设"门诊收入"、"住院收入"两个一级明细科目。"门诊收入"、"住院收入"一级明细科目下设置"药品收入","药品收入"二级明细科目下,应设置"西药"、"中药"等三级明细科目。每日,财务部门根据核对无误的门诊收费报表、出入院处的收入汇总日报表,确认药品收入金额。

1. 汇总门诊患者药品收入

借:银行存款(患者现金、支票付款)

应收医疗款—医疗保险机构(应收医保支付款项)

贷:医疗收入—门诊药房收入—西药

—中药

【经济业务 9-9】2013 年 1 月 31 日,门诊收费处交来当日收入汇总日报表,其中确认应收医保支付的款项 100 000 元,上交银行存款 500 000 元。药品收入 600 000 元,其中西药500 000 元,中药 100 000 元。财务部门根据该日汇总报表,填制记账凭证,作会计分录如下:

借:银行存款 500 000

应收医疗款—医疗保险机构 100 000

贷:医疗收入—门诊药房收入—西药 500 000

—中药 100 000

2. 汇总住院处患者药品收入

借:银行存款(患者现金、支票付款)

应收医疗款—医疗保险机构(应收医保支付款项)

贷:医疗收入—住院药房收入—西药

—中药

住院患者药品收入的会计分录同【经济业务 9-9】。

123

3. 在院患者药品费用月末结转时

借:应收在院患者医疗款

    贷:医疗收入—住院药房收入—西药

                   —中药

下月初,反方向冲账

借:医疗收入—住院药房收入—西药

                  —中药

    贷:应收在院患者医疗款

【经济业务 9-10】2013 年 1 月 31 日,住院处交来当日收入汇总日报表,本日应确认在院患者药品收入 300 000 元,其中西药 250 000 元,中药 50 000 元。财务部门根据该日报表,填制记账凭证,作会计分录如下:

借:应收在院患者医疗款   300 000

    贷:医疗收入—住院药房收入—西药   250 000

                 —中药   50 000

4. 同医疗保险机构结算时,按实际收到的金额

借:银行存款

    贷:应收医疗款等

【经济业务 9-11】2013 年 2 月 22 日,收到医疗保险机构拨来住院患者医疗费 300 000 元。财务部门根据相关凭证,填制记账凭证,作会计分录如下:

借:银行存款   300 000

    贷:应收医疗款等   300 000

5. 期末,将收入结转到本期结余

借:医疗收入—门诊药房收入—药品收入

            住院药房收入—药品收入

    贷:本期结余

【经济业务 9-12】2013 年 1 月 31 日,将医疗收入的贷方余额结转到本期结余。期末门诊药房收入汇总 7 000 000 元,住院药房收入 8 000 000 元,本例只结转药品收入,其他省略。会计分录如下:

借:医疗收入—门诊药房收入   7 000 000

        —住院药房收入   8 000 000

    贷:本期结余   15 000 000

四、药品成本核算

在医院运行过程中,最为重要的成本就是药品支出,对药品支出进行确认和计量是十分重要的。

1. 月末结转药品成本

每月末,各药房根据当月的发药处方,从电脑上统计出发放药品的金额,打印药品销售报表,一式两联,第一联由各药房保留,第二联交财务科,作为药房药品减少的依据。新医改取消药品加成后,药品的收入和支出金额相等,实现零差价核算。不管目前改革进程如何,内部领用或出售发出的药品,均按照其实际成本,作如下核算:

借:医疗业务成本—药品—西药
     —中药
 贷:库存物资—药品—药房—住院部药房
       —门诊药房
       —急诊药房

【经济业务 9-13】2013 年 1 月 31 日,结转药品成本明细为:住院部药房 1 700 000 元,门诊药房 700 000 元,急诊药房 122 000 元,其中西药 2 488 000 元,中药 34 000 元。财务部门编制记账凭证如下:

借:医疗业务成本—药品—西药   2 488 000
       —中药   34 000
 贷:库存物资—药品—药房—住院部药房   1 700 000
       —门诊药房   700 000
       —急诊药房   122 000

2. 期末,将成本结转到本期结余
借:本期结余
 贷:医疗业务成本

【经济业务 9-14】2013 年 1 月 31 日,将医疗业务成本的借方余额结转到本期结余。期末结转西药 1 000 000 元,中药 200 000 元,会计分录如下:

借:本期结余   1 200 000
 贷:医疗业务成本—药品—西药   1 000 000
      —中药   200 000

五、药品盘点核算

药品盘点工作一直以来是困扰医院药剂科工作的难题。但药品在医院管理中是一项重要内容,所以做好药品的盘点至关重要。要做好医院药品盘点工作,不但需要周密的组织和策划,还需要对医院业务流程、财务信息系统有深入了解。

课堂活动

如何进行药品盘点? 药品盘点账务处理流程?

(一) 药品盘点概述

1. 实物盘点 药品材料的进、销、存以及安全的内控制度很多,但其运行的有效性,需要通过实物盘点来进行验证。通过实物盘点,能避免医院的资产受到损失,保证库存药材的真实、准确、有效,确保账实相符。同时,盘点人需要对药品的现存状况进行抽样检查,检查内容包括:药品有效期、剂量、内外包装是否仍然完好等,并观察外观是否有变色、受潮、沉淀、糖衣脱落、碎片、发霉、变质、虫咬等现象。

盘点要求有盘点人、记录人和监盘人参加并且编制实物盘点明细表。盘点完成后,三方要在盘点表上签字确认,保证盘点的真实性和准确性。药品盘点往往会出现盘盈或盘亏,当账面库存和实际库存数量存在差异时,要求盘点人员查明原因,并在盘点表中注明。差异原因的追查可以从以下几点着手进行。

1) 盘点作业是否存在操作不当。如因盘点人员工作失误造成重盘、漏盘、误盘等。

2) 账目管理是否存在不足。账目不一致是否属实,是否因商品管理账务制度有缺点而

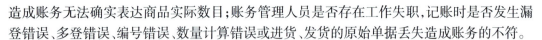

造成账务无法确实表达商品实际数目;账务管理人员是否存在工作失职,记账时是否发生漏登错误、多登错误、编号错误、数量计算错误或进货、发货的原始单据丢失造成账务的不符。

3)商品本身情况发生变化。原装箱商品再批发时,发现情况改变;保管不良,遇到商品恶化、遗失或恶意损坏;接收商品时,检验人员对于商品的规范鉴别错误。

4)盘点与账务的差异是否在合理范围内也是考虑差异是否可接受的重要因素。

盘点完成后,填制药品盘点明细表,详见表9-4所示。

表9-4 药品盘点明细表

年　　月　　日

药品名称	规格	剂型	零售价	购入价	最小单位	包装数量	包装单位	库存数	零售价金额	购入价金额	生产厂家名称

盘点地点:　　　　　　　　　　药房保管员:　　　　　　　　　　盘点人:

2. 根据"盘点明细表"和与"账簿"记录核对的结果,编制"账存实存对比表"。该表是确定账存数与实存数的差异,是调整账簿记录的原始凭证和分析差异原因、明确经济责任的依据,详见表9-5所示。

表9-5 账存实存对比表

年　　月　　日

药品名称	规格	剂型	最小单位	包装单位	包装数量	购入价	零售价	盘盈		盘亏		对比结果				备注
								数量	金额	数量	金额	盘盈		盘亏		
												数量	金额	数量	金额	

会计主管:　　　　　　　　　　复核:　　　　　　　　　　制表:

在医药的实际操作中,药库和各药房在一年之内一般进行四次药品盘点。

综上所述,医院药品会计应依据医院会计制度的相关制度,对药品管理实行"金额管理,数量统计,实耗实销"的原则,在药店设立库存药品明细账,本月药品销售汇总表、本月领用药品汇总表、盘点清册等。做到药品的实物盘存与账面一致,药品的明细录入信息与汇总录入信息一致。公式为:

上期药品库存数量 + 本月药品入库数量 − 本月药品出库数量 = 本月药品库存数量

(二)主要账务处理

财务账户中的"库存物资—药品"的期末余额反映了库存药品的实际进价成本。每月末,药库、各药房要进行财务人员、药房人员共同参加的药品盘点,财务人员在盘点明细表上不仅要写明药品的名称、规格、数量、单价、金额、批号、有效期、近效期的药品而且还要提醒大家注意,过期药品及时报废。财务人员盘点后,填写药品盘点明细表和账存实存对比表。财务人员根据账存实存对比表中反映的盘盈和盘亏数报领导批准后确认损益做账务处理,具体分录如下:

    盘盈时,借:库存物资——药品

              贷:待处理财产损益

    经领导批准后,借:待处理财产损益

                贷:其他收入

    盘亏时,借:待处理财产损益

              贷:库存物资——药品

    经领导批准后,借:其他支出——药品支出

                其他应收款(追究赔偿部分)

                贷:待处理财产损益

【经济业务9-15】2013年1月31日,某医院进行药品盘点时盘盈药品11 650元,后经领导批准后作其他收入。会计分录如下:

    借:库存物资——药品   11 650

      贷:待处理财产损益   11 650

    借:待处理财产损益   11 650

      贷:其他收入   11 650

【经济业务9-16】2013年1月31日,某医院进行药品盘点时盘亏药品9860元,经查,其中1100元是由于管理不善造成,需要赔偿;8760元是非正常损耗的,经批准核销转入支出。会计分录如下:

    借:待处理财产损益   9860

      贷:库存物资——药品   9860

    借:其他支出——药品支出   8760

        其他应收款   1100

      贷:待处理财产损益   9860

 点滴积累

1. 药品收入指医院在为患者提供医疗服务时,向患者提供药品所取得的收入。按取得收入的地点不同,分为门诊药品收入、住院药品收入;按药品属性分类,分为西药收入、中成药收入和中草药收入。
2. 药品采购入库、出库、退库的电算化操作。
3. 药品入库、收入、出库及药品成本核算流程。
4. 医院药品盘点的流程。

 目标检测

一、单项选择题

1. 下列选项中,不用采取"五专"管理的有( )

    A. 麻醉药品   B. 精神药品   C. 医疗用毒性药品

D. 普通西药 E. 放射药品

2. 下列关于 ABC 管理中说法错误的是( )

　　A. A 类药品大多为价格较高的常用针剂

　　B. B 类药品为价格居中、消耗量偏大的品种

　　C. C 类药品占用金额较大

　　D. C 类药品大多为常用的急救药品

　　E. A 类药品占用金额较大

3. 不属于药品采购必须要求供应商提供的"三证"的是( )

　　A. 合格证 B. 许可证 C. 营业执照

　　D. 税务登记证 E. 组织机构代码证

4. 下列属于按药品取得收入地点不同进行分类的是( )

　　A. 门诊药品收入 B. 西药收入 C. 中成药收入

　　D. 中草药收入 E. 新药收入

5. 医院实际操作中,药库和各药房一年之内一般进行( )次盘点

　　A. 2 B. 3 C. 4 D. 5 E. 1

二、多项选择题

1. 下列属于特殊药品的有( )

　　A. 麻醉药品 B. 精神药品 C. 医疗用毒性药品

　　D. 放射性药品 E. 普通西药

2. 药品收入按属性分类为( )

　　A. 西药收入 B. 中成药收入 C. 中草药收入

　　D. 住院药品收入 E. 门诊药品收入

3. 需要进行入库退库操作的有( )

　　A. 药品的质量有问题 B. 临近保质期 C. 供应商发错药品

　　D. 数量上与请购单不符 E. 药品核对无误

4. 药库出库管理一般分为( )管理

　　A. 一般出库 B. 出库退库 C. 报损、特殊出库

　　D. 发票出库 E. 入库退库

5. 药品盘点至少要求有哪些人参加( )

　　A. 盘点人 B. 采购员 C. 记录人 D. 监盘人 E. 库管人员

三、简答题

1. 医院药品管理的重要性是什么?

2. 我国药品管理存在哪些问题? 有什么对策?

3. 医院药品收入核算哪些内容?

4. 如何进行药品盘点?

四、综合题

根据下列经济业务,编制会计分录:

1. 2013 年 3 月 1 日,某医院从白云药业有限责任公司购入西药 30 000 元,中药 1000 元,中成药 6000 元;

2. 7 月 1 日,财务部门付款给白云药业有限责任公司 37 000 元;

3. 3月11日,住院处交来当日收入日报表,本日应确认收入,其中西药359 500元,中成药10 000元,中草药500元。

4. 3月31日,结转药品成本明细为:住院部药房20 000元,门诊药房10 000元,急诊药房8000元,其中西药25 000元,中成药5000元,中草药8000元。

5. 3月31日,将本期药品收入和支出结转到本期结余。

(汪 勇)

第十章　药店中的会计知识应用

学习目标

1. 掌握药店的申办条件、药店业务核算管理流程、药店药品采购入库、药店销售收银的管理软件操作。
2. 熟悉药店的分类。
3. 了解药店、药店会计的定义和药店会计的职能。
4. 具有良好的人际沟通能力、团队合作精神和服务意识。

导学情景

情景描述：

药剂班的李军毕业后应聘到某连锁药店配送中心工作。上班第一天，配送中心购入大量的药品，仓库保管已请假，其他配送中心员工都不会使用该药店的医药管理系统入库工作，李军看到配送中心工作处于困境，他主动向中心主任提出把这项工作完成，结合他学过的药店中的会计知识，他采用该医药管理系统进行入库，并向配送中心主任讲述自己的入库方法和结果，李军这一举动得到了药店各级部门的好评和加薪的奖励。

学前导语：

从李军的例子中可以看出多学一门技术可增强自己的综合能力，而在当今社会的竞争中综合能力强的人在工作中更加有竞争力。本章就将带领大家学习药店会计知识应用，掌握药店会计知识。

第一节　药店的概述

一、药店的概念

药店又称社会药房或药品零售企业，是指以盈利为目的，专门从药品生产企业或药品批发企业购进药品，直接销售给最终消费者用以防治疾病的企业。

课堂活动

什么是药店？《中华人民共和国药品管理法实施条例》（以下简称《药品管理法实施条例》）中对药店的定义是什么？我国药店有哪些？

二、药店的申办条件

根据《药品管理法》的规定,开办药店必须具备以下条件:

（一）具有依法经过资格认定的药学技术人员;

（二）具有与所经营药品相适应的营业场所、设备、仓储设施、卫生环境;

（三）具有与所经营药品相适应的质量管理机构或者人员;

（四）具有保证所经营药品质量的规章制度。

 知识链接

向个人消费者提供互联网药品交易服务的药店须具备的条件

①有经营资质的药品连锁零售企业;②提供互联网药品交易服务的网站已获得从事互联网药品信息服务的资格;③具有健全的网络与交易安全保障措施以及完整的管理制度;④具有完整保存交易记录的能力、设施和设备;⑤具备网上咨询、网上查询、生成订单、电子合同等基本交易服务功能;⑥对上网交易的品种有完整的管理制度与措施;⑦具有与上网交易的品种相适应的药品配送系统;⑧具有执业药师负责网上实时咨询,并有保存完整咨询内容的设施、设备及相关管理制度;⑨从事医疗器械交易服务,应当配备拥有医疗器械相关专业学历、熟悉医疗器械相关法规的专职专业人员。

三、药店的分类

药店按经营模式可分为单体药店和连锁药店。

单体药店是采用单个经营模式的普通药店,不是连锁也不是加盟店,经营灵活,但是抗风险的能力很弱。

连锁药店是采用连锁经营模式的药店,即指在经营同类药品的若干个分散药店在核心企业（总部）的领导下,按照共同的经营理念、服务管理规范,实行共同的经营方针、采取一致的营销行动,实行集中采购和分散销售的有机结合,实现规模效益的联合体。连锁药店总部不得向该企业外的药店配送药品,连锁药店的各门店不得自行采购药品。连锁药店与单体药店经营相比,具有统一经营、集约化管理、标准化操作、网点广泛的特点。连锁药店可以分为以下几类:

1. 连锁药店按控制模式可分为直营连锁药店、特许连锁药店、自愿连锁药店、托管药店、联盟药店。

2. 连锁药店按经营规模可分为地市连锁药店、跨区连锁药店和全国性连锁药店。

3. 连锁药店按业态盈利模式可分为平价药店、社区便利店、商场店中店、药品超市、专科专业药店、健康型药店、药妆店、网上药店等多种业态盈利模式。

4. 连锁药店从资本性质上可分为股市资本药店、风险资本药店、民营资本药店、国有资本药店属于齐头并进阶段。

5. 连锁药店按运作模式可分为投资管理型集团公司、战略控制型集团公司和业务控制型集团公司。

四、药店会计的定义

药店会计是以货币为主要计量单位,以提高经济效益为主要目的,运用专门方法对药店的经济活动进行全面、综合、连续、系统地核算和监督,为药店预测市场形势、控制管理和制定政策提供信息。

五、药店会计的重要性

1. 药店会计信息是药店企业经营决策的基本依据。
2. 药店会计有助于药店加强经营管理,提高其经济效益。
3. 药店会计有助于考核药店经营者的经营绩效,明确经济责任。
4. 药店会计工作结果是检验药店企业经营决策是否正确的标准。
5. 药店会计分析是药店企业决策的重要保障。

六、药店业务核算流程

无论是单体药店还是连锁药店,药店业务核算流程可分为以下几个环节:①药店筹资业务核算;②药店投资业务核算;③药店采购业务核算;④药店销售业务核算;⑤药店其他经济业务核算;⑥药店利润分配业务核算。

点滴积累

1. 药店又称社会药房或药品零售企业,是指以盈利为目的,专门从药品生产企业或药品批发企业购进药品,直接销售给最终消费者用以防治疾病的企业。
2. 根据《药品管理法》的规定,开办药店必须具备的条件。
3. 药店按经营模式可分为单体药店和连锁药店。
4. 连锁药店按控制模式、按经营规模、按业态盈利模式、按资本性质、按运作模式的分类。
5. 药店会计是以货币为主要计量单位,以提高经济效益为主要目的,运用专门方法对药店的经济活动进行全面、综合、连续、系统地核算和监督,为药店预测市场形势、控制管理和制定政策提供信息。
6. 药店会计的五项重要性。
7. 药店业务核算流程分为以下几个环节:①药店筹资业务核算;②药店投资业务核算;③药店采购业务核算;④药店销售业务核算;⑤药店其他经济业务核算;⑥药店利润分配业务核算。

第二节 药店业务的核算

一、药店筹资业务的核算

药店筹资是指为满足药店企业创建、发展对资金的需要和保证药店企业日常经营活动正常运营,而通过一定渠道及采取适当方式筹措资金的

课堂活动

药店筹资目的是什么?药店筹资的手段有哪些?

财务活动。药店筹资手段按资金使用期限长短分为短期资金和长期资金,药店筹资手段按资金来源分为自有资金(如吸收直接投资、发行股票、留存收益等)和借入资金(如发行债券、银行借款、其他金融机构资金、其他企业资金、居民个人资金、国家资金等)。筹资业务核算所涉及的会计科目有"实收资本"、"资本公积"、"银行存款"、"现金"、"固定资产"、"无形资产"、"原材料"等。单体药店、连锁药店的筹资手段和筹资业务核算方法与是医药商业企业相同,但是连锁药店的筹资业务由总部负责。

二、药店投资业务的核算

投资是指药店用某种有价值的资产,其中包括资金、人力、经营技术、非专利技术等投入到某个企业、项目或经济活动中,以获取经济回报的财务活动。按投资的形式分为直接投资和间接投资,按投资方向分为实物投资、证券投资,按投资地域分国内投资和国际投资,按投资回收期的长短分为短期投资和长期投资。投资业务核算所涉及的会计科目有"长期投资"、"短期投资"、"银行存款"、"现金"、"固定资产"、"无形资产"、"原材料"等,具体业务的核算方法与医药商业企业相同。单体药店、连锁药店的投资手段和投资业务核算方法与是医药商业企业相同,但是连锁药店的投资业务由总部负责。

知识链接

药店实际投资额的确认方法

药店收到所有者的投资都应按实际投资额入账,以货币资金方式出资的,应按实际收到的款项作为投资额入账;以固定资产、原材料等实物方式出资的或以专利权、商标权等无形资产方式出资的,应按照投资各方共同确认的价值(或评估值)作为实际投资额入账。

三、药店采购业务的核算

药店药品采购是指药店的经营者以医药市场的需求为依据,向医药生产企业或医药批发企业购进药品,转售给药品和购买设备用户的医药活动。因为药品是一种特殊商品,它的质量好坏直接关系到人民群众的生活健康,所以药品的采购程序是有国家规定的,即根据《药品经营质量管理规范》(Good Supply Practice,GSP)的要求制订的。连锁药店的采购业务由总部负责并配送。

(一)药品采购管理的原则

单体药店和连锁药店采购管理原则是相同的,即控制成本、保证质量、保证品牌美誉度。

(二)药品采购方式

药品采购方式有分散采购、集中采购、现卖现买、投机采购、预算采购等。

课堂活动

药品采购方式有哪些?什么是预算采购?

(三)药品采购管理的基本流程

采购管理包括采购计划、订单在管理及发票校验三个组件。在医药企业中,药品采购实行采购、质量验收和药品付款三分离制度。药品的购进必须建立真实、完整的记录,如实地反映药品购进的情况,严禁弄虚作假。具体采购管理的基本流程详见图10-1所示。

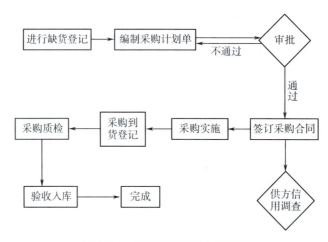

图 10-1 采购管理的基本流程图

（四）药品采购合同的内容

药品采购合同的内容有：①合同签订双方的名称；②药品的品名、规格、单位、剂型；③药品的数量；④药品价格；⑤质量条款；⑥交货日期、方式与地点；⑦结算方式。

（五）药品采购渠道

药品采购渠道有两种类型即从药品生产企业直接采购药品和从药品批发企业采购。

（六）药品验收

药品验收是采购业务的最后环节，也是保证药品质量的重要环节，药品质量的好坏不仅直接关系到人民群众的生活健康，而且对于药店的经营业绩和声誉都有重要影响。药品运至收货部门时，药店企业应委派验收员对药品的品名、剂型、数量、规格、生产厂家、批号、批准文号、有效期等方面进行检验，核对"采购订单"和"送货单"的数据并与实物对照。验收过程中，对不合格药品，可以拒收药品并要求退货。药品验收的原则有及时性、真实性、全面性、详细性、区分性、明确性。

（七）药店采购业务的核算

采购业务核算所涉及的会计科目有"在途物资"、"库存商品"、"应交税费—应交增值税"、"银行存款"、"现金"、"应付账款"等，单体药店、连锁药店的采购手段和采购业务核算方法与医药商业企业相同，但是连锁药店的采购业务由总部负责。

目前我国的大部分药店企业已充分利用最新的信息网络技术开展药店企业的信息化管理，实现商品进、销、存等网络化、电算化，加强了信息流、物流、资金流的管理。具体药品采购入库的电算化操作中我们以某药店医药管理系统软件为例具体讲解，药品采购入库通过到货登记和采购质检这两个流程才能完成药品采购入库工作，具体登录界面、采购管理的模式详见图 10-2、图 10-3 所示。

药品采购入库的电算化的具体操作方法：

1. 到货登记：到货登记是采购管理的重要工作，药品采购员从供应商处接受采购好的药品，必须及时地进行登记。

图 10-2 医药管理系统软件登录界面

图 10-3　医药管理系统软件采购管理界面

2. 采购质检：质检员对采购订单的录入数据和实物质量验收相对比，减少人为输入错误，经检查无误后，即可送单至下一环节（采购入库）。

在医药管理系统软件中的具体操作方法：首先点击【采购管理】→【到货登记】→【新增】按钮，将购进药品信息逐一录入系统软件中，录入购入药品信息后，点击【保存】按钮，此时界面上出现划红色圆圈处显示【未审核】的标识，点击【条码维护】，再点击【审核】，审核该到货登记单。再点击【送单】按钮将此购进药品单据送往质检部门进行药品质量检测。若采购药品信息无误，点击【采购管理】界面→【采购质检】按钮→选择单据号进行审核；若采购药品信息有误，进入【采购管理】界面→点击【采购质检】按钮→选择单据号进行审核，点击【编辑】按钮，在【验收结论】一栏中选择"拒收"，点击【保存】按钮→【退单】按钮→【确定】按钮。

【经济业务 10-1】2013 年 11 月 1 日友邦药业有限责任公司从白云药业有限责任公司购入 200 盒药品 A，150 盒药品 B，130 盒药品 C，并经确认采购信息无误。

①点击【采购管理】→【到货登记】→【新增】按钮，出现【到货登记】界面（图 10-4），此时你浏览的内容界面，分为上下两个部分，上面为单据的基本信息，下半部分为单据的详细信息。点击【新增】按钮，将购进 200 盒药品 A，150 盒药品 B，130 盒药品 C 分别录入系统软件中。

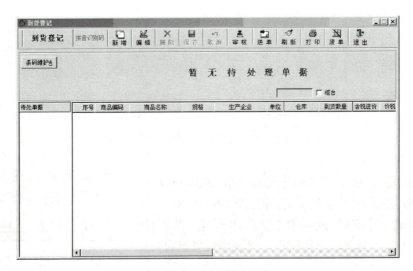

图 10-4　到货登记界面

②点击【保存】按钮,此时界面上出现划红色圆圈处显示【未审核】的标识(图 10-5),点击【条码维护】,再点击【审核】,审核该到货登记单。在实际操作中,一般是由验收员录入单据,由采购部门主管审核单据。采购员不能同时录单据又兼审核单据的工作,系统设置应根据不同的职责,给系统操作员开放不同的权限。此处我们就简化成直接由系统管理员直接审核单据,详见图 10-6 所示,此时红色圆圈处显示【已审核】,说明审核完毕。

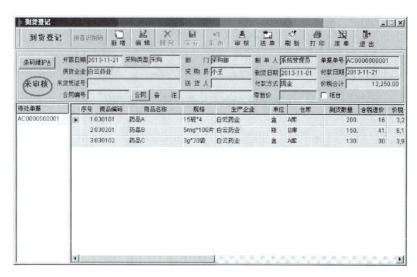

图 10-5　已新增药品未审核的到货登记界面

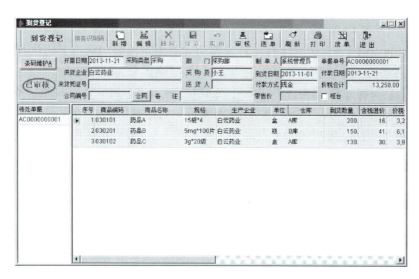

图 10-6　新增药品已审核的到货登记界面

③点击【送单】按钮将此购进药品单据 AC0000000001 送往质检部门进行药品质量检测,详见图 10-7 所示。

点击【确定】按钮,此时弹出"打印预览"界面(图 10-8),点击【打印】按钮,操作完毕。此时到货登记窗口中显示无单据需要处理。

图 10-7　已审核的新增药品
送往质检界面

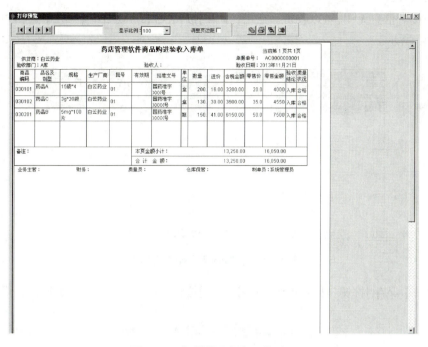

图 10-8　新增药品打印预览界面

课堂活动

2013 年 11 月 1 日，从白云药业有限责任公司购进药品 D（220 件，进价 60 元），药品 E（800 件，进价 6.8 元）。付款方式为现金，采购员为小王。药品 D、E 存放 B 库。如何将此到货信息登记录入系统？

④进入【采购管理】界面→点击【采购质检】按钮→选择单据号 AC0000000001 进行审核，详见图 10-9 所示。

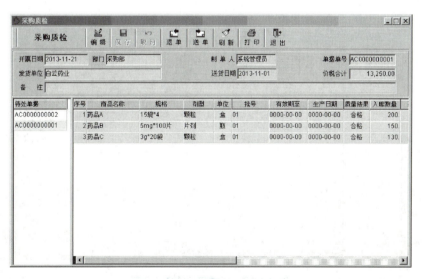

图 10-9　新增药品待质检界面

⑤经核对信息无误,可以收货。点击【编辑】按钮,在【验收结论】一栏中选择"可收",详见图 10-10 所示。

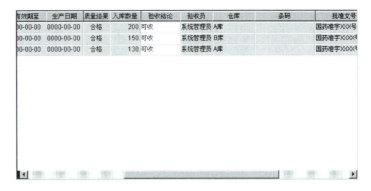

图 10-10 新增药品质检已通过界面

⑥点击【保存】按钮→【送单】按钮→【确定】按钮,详见图 10-11 所示,操作完毕。

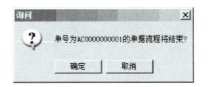

图 10-11 新增药品质检验收通过确定界面

【经济业务 10-2】2013 年 8 月友邦药业有限责任公司从白云药业有限责任公司购入 220 盒药品 D,800 盒药品 E,并经确认采购信息有误。

①本例中的采购到货登记的电算化操作过程同【经济业务 10-1】中的步骤。

②点击【采购管理】界面→点击【采购质检】按钮→选择 AC0000000002 单据号进行审核,详见图 10-12 所示。

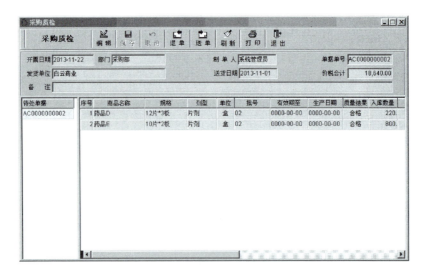

图 10-12 新增药品待质检界面

③经核对信息发现药品 E 数量有误。点击【编辑】按钮，在【验收结论】一栏中选择"拒收"，详见图 10-13 所示。

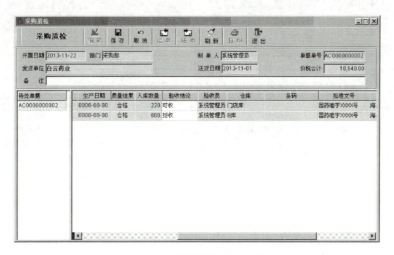

图 10-13　新增药品质检未通过界面

④点击【保存】按钮→【退单】按钮→【确定】按钮，出现以下界面，详见图 10-14、图 10-15 所示。

图 10-14　新增药品质检验收
未通过退单待确定界面

图 10-15　新增药品质检验收未通过退单
已确定界面

⑤回到【到货登记】界面，此时界面就显示出被采购质检退回的单据号 AC0000000002（详见图 10-16 所示）。

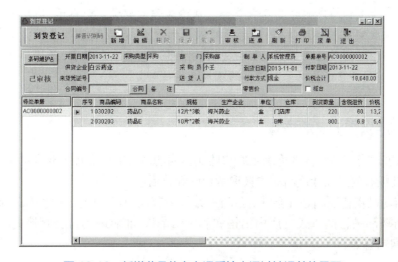

图 10-16　新增药品信息有误质检未通过被退单的界面

⑥点击【编辑】按钮,将药品的错误信息更改后出现以下界面,详见图10-17所示。

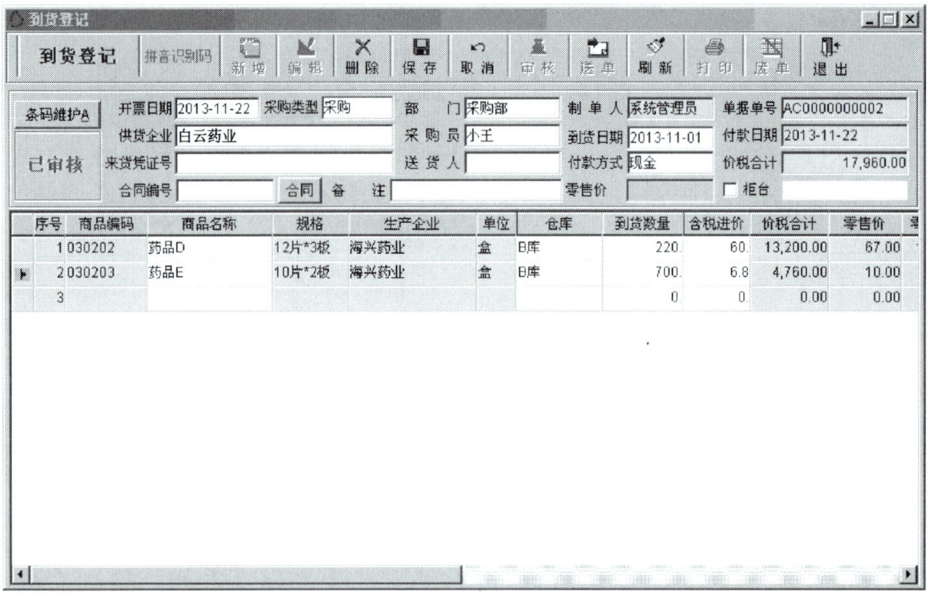

图 10-17 新增药品信息有误已更改的界面

⑦点击【保存】按钮→【审核】按钮→【送单】按钮,再进行采购质检流程。

案例分析

案例:

药剂班张军应聘到友邦药业有限责任公司从事采购质检工作,他上班的第一天,公司刚好从白云药业有限责任公司购进200盒利巴韦林,100包板蓝根,因为他工作经验不足,只对药品的质量进行了质检入库,没注意药品数量,结果导致利巴韦林入库数量少了20盒。

分析:

张军质检工作疏忽的主要原因是他对质检工作的职责认识不够,他以为只要对药品质量检查就完成了质检工作,疏忽了对数量的检查,导致入库数量减少造成公司损失。药店企业通过质检岗位来确保企业对购进药品的真实和质量,质检工作不仅是对实物质量验收,而且还要对采购订单的录入数据核对。

四、药店销售业务的核算

药店销售是指药品经营者为满足客户防病治病的消费需求和谋取企业的最佳经济效益为目的,将其拥有的药品让渡给客户换取货币的经营活动。

1. 药店药品销售原则是社会性、经济性、市场适应性、有效性、安全性、稳定性。

2. 药店药品销售的方式有店内销售和非店内销售,非店内销售有直接上门销售、电话销售、互联网销售等。

3. 药店销售业务的核算

销售业务账务核算所涉及的会计科目有"在途物资"、"库存商品"、"应交税费—应交增值税"、"销售费用"、"银行存款"、"库存现金"、"应付账款"等,连锁药店和连锁医药商业企业销售业务的核算方法是相同,都是由各分部分别核算,再由总部统一汇总核算,而单体药店与单体医药商业企业销售业务的核算方法相同。

目前,我国的大部分药店企业已充分利用最新的信息网络技术开展药店企业的信息化管理,实现商品进、销、存等网络化、电算化,加强了信息流、物流、资金流的管理。这节所涉及药品销售电算化操作方法主要是指药店收银业务。

(1) 药店收银:药店收银是指药店为顾客收取现金、刷银行卡、刷医保卡等,并对本部门销售收入进行核算的结账行为。在本节药店收银业务电算化操作中我们以某药店医药管理系统软件为例讲解,具体操作:①点击【销售管理】→【前台销售】;②在【前台销售】的界面条码栏中输入顾客购买药品的商品条码,在数量栏中录入顾客所需购买药品的数量,金额会根据前期系统中的初始单价自动计算;③在【前台销售】的界面条码栏点击【F3】出现以下界面,对该次交易进行收款,在收现一框内输入实收金额。

【经济业务 10-3】2013 年 10 月 9 日友邦药业有限责任公司一分店销售特价天王补心丸 1 盒,收款方式为现金。

①点击【销售管理】→【前台销售】,出现【前台销售】界面,详见图 10-18 所示。

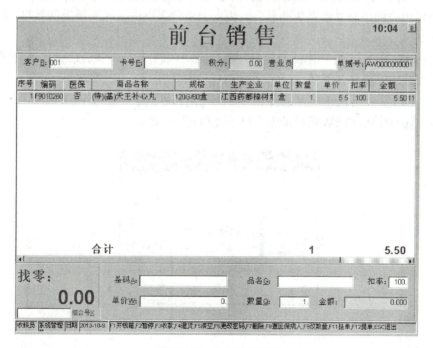

图 10-18　前台销售界面

②在条码栏中输入或扫描天王补心丸的商品条码,在数量栏中录入 1 盒的数量,系统自动生成 5.50 元。

③点击【F3】出现图 10-19 所示界面,在收现一框内输入 5.50 元,付款方式中录入现金,然后按下回车键(Enter 或用鼠标单击确定按钮)。

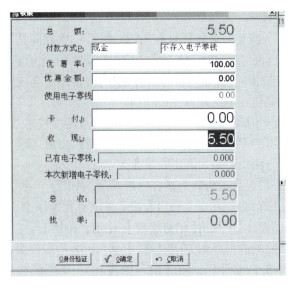

图 10-19 收银登录界面

（2）销售退货具体操作：①点击【销售管理】→【前台销售】；②在【前台销售】的界面条码栏按下【F4】后，则出现用户验证界面；③收银员通过验证之后进入退货界面后，根据销售小票选择相应的票号并在退货药品一行内的退货数量框内输入所要退的数量，最后点击【保存】按钮。

【经济业务 10-4】2013 年 11 月 1 日，友邦药业有限责任公司三分店销售退货蒙脱石散和庆大霉素碳酸铋胶囊各 1 盒。

①点击【销售管理】→【前台销售】,【前台销售】的界面条码栏按下【F4】后，则出现前台销售退货界面（图 10-20），收银员录入用户账号和密码验证。

图 10-20 前台销售退货用户登录界面

②收银员通过验证之后方可进入退货界面（图 10-21）。收银员根据销售小票选择相应的票号并在退货药品一行的退货数量框内输入所要退的数量（退货数量必须小于或等于销售数量），最后点击【保存】按钮。

五、药店利润分配业务的核算

单体药店和连锁药店利润分配业务核算所涉及的会计科目有"主营业务收入"、"主

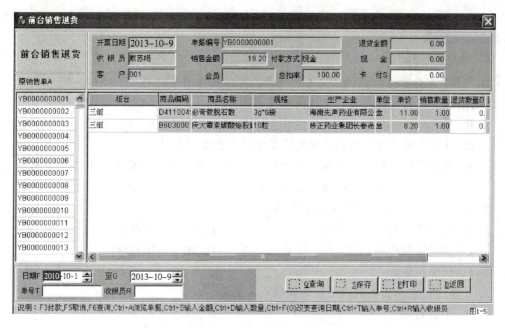

图 10-21　前台销售退货界面

营业务成本"、"其他业务收入"、"其他业务成本"、"营业税金及附加"、"销售费用"、"管理费用"、"财务费用"、"营业外收入"、"营业外支出"、"所得税费用"、"本年利润"、"利润分配"等。单体药店和连锁药店盘点业务核算的方法与医药商业企业相同,由总部统一汇总核算。

六、药店的其他经济业务核算

1. 药店盘点业务的核算

（1）盘点:药店盘点就是药店企业定期或不定期对库存药品的实际数量进行全部或部分清点的作业,即为了解药品的真实情况(入库、在库、出库的流动状况及药品损坏、滞销等真实情况),确实掌握该期间内的经营业绩,并据此加以改善,加强管理。

（2）盘点原则:单体药店企业和连锁药店企业的盘点原则为计划性原则、全面性原则、时效性原则、真实性原则、协调性原则、及时反馈性原则。

（3）盘点方法:单体药店和连锁药店的盘点方法按盘点形式分为按货架表盘点、手工表盘点和盘点机盘点。

（4）药店药品盘点业务的核算:药店药品盘点业务核算所涉及的会计科目有"库存商品"、"待处理财产损益"、"管理费用"、"银行存款"、"其他应收款"等。连锁药店和连锁医药商业企业盘点业务的核算方法是相同,都是由各分部分别核算,再由总部统一汇总核算,而单体药店与单体医药商业企业的盘点业务核算方法相同。

2. 连锁药店内部往来业务的核算

连锁药店企业的内部往来业务主要分为以下几种:药品的拨付或退回、货币资金的拨付或交回、清算资金的往来、资产的拨付或收回。药店内部往来业务所涉及的会计科目有"银行存款"、"库存现金"、"其他应收款"、"库存商品"。

目标检测

一、单项选择题

1. 根据《药品管理法》的规定,不属于开办实体药店的条件有(　　)
   A. 具有依法经过资格认定的药学技术人员
   B. 具有与所经营药品相适应的营业场所、设备、仓储设施、卫生环境
   C. 具有与所经营药品相适应的质量管理机构或者人员
   D. 提供互联网药品交易服务的网站,已获得从事互联网药品信息服务的资格
   E. 具有保证所经营药品质量的规章制度。

2. 不属于按控制模式划分的连锁药店是(　　)
   A. 直营连锁药店　　　　　　　　　B. 特许连锁药店
   C. 自愿连锁药店　　　　　　　　　D. 地市连锁药店
   E. 托管药店

3. 不属于按业态盈利模式划分的连锁药店的是(　　)
   A. 平价药店　　　　　　　　　　　B. 社区便利店
   C. 商场店中店　　　　　　　　　　D. 地市连锁药店
   E. 药店超市

4. 不属于药店筹资中借入资金中的是(　　)
   A. 自有资金　　　　　　　　　　　B. 发行债券
   C. 银行借款　　　　　　　　　　　D. 其他金融机构资金
   E. 其他企业资金

5. 下面哪些属于药店采购管理原则的是(　　)
   A. 控制成本　　　　　B. 采中采购　　　　　C. 现卖现购
   D. 批量采购　　　　　E. 投机采购

二、多项选择题

1. 药店筹资手段按资金使用期限长短分为(　　)
   A. 短期资金　　　　　B. 长期资金　　　　　C. 自有资金
   D. 发行股票　　　　　E. 发行债券

2. 药品采购方式有(　　)
   A. 分散采购　　　　　B. 集中采购　　　　　C. 现卖现买
   D. 投机采购　　　　　E. 预算采购

3. 药店药品销售原则是(　　)
   A. 社会性　　　　　　B. 经济性　　　　　　C. 市场适应性
   D. 安全性　　　　　　E. 有效性

4. 药店的盘点方法按盘点形式分为(　　)
   A. 按货架表盘点　　　　　　　　　B. 手工表盘点
   C. 盘点机盘点　　　　　　　　　　D. 实地盘点法
   E. 技术盘点法

5. 连锁药店企业内部往来核算的主要内容有(　　)
   A. 药品的拨付或退回　　　　　　　B. 货币资金的拨付或交回

C. 清算资金的往来

D. 资产的拨付或收回

E. 员工工资的发放

三、简答题

1. 什么是药店？

2. 什么是药店会计？药店会计的重要性有哪些？

3. 药店业务核算流程有哪些？

（赖玉玲）

第十一章　会计法律规范和会计职业道德

学习目标

1. 掌握会计工作岗位、会计人员、会计资料的会计法律规定。
2. 熟悉我国会计法律体系的概念和种类。
3. 了解会计职业道德及其与法律规范的关系。
4. 具有爱岗敬业、诚实守信、廉洁自律、客观公正、坚持准则、提高技能、参与管理、强化服务等基本会计职业道德。

各行各业都有其法律规范体系和职业道德体系，会计作为一门拥有悠久历史的职业也不例外。这一章我们主要介绍会计专门的法律规范和职业道德。

第一节　会计法律制度

一、会计法律体系

会计法律体系是指由国家权力机关或其他授权机构制定的，用来规范会计核算实务、会计基础工作、会计主体和相关会计人员职责，以便及时调整经济活动中各种会计关系的规范性文件的总和。例如：《会计法》《中华人民共和国注册会计师法》《会计基础工作规范》等。

目前我国形成以《会计法》为主体比较完整的会计法规体系。

知识链接

我国《会计法》的立法宗旨和主要规定

1999 年全国人民代表大会常委会修订通过的《中华人民共和国会计法》，是会计法律制度中层次最高的法律规范，是制定其他会计法规的依据，是指导会计工作的最高准则。

《会计法》的立法宗旨是规范会计行为、保证会计资料真实、完整，加强经济管理和财务管理，提高经济效益，维护社会主义市场经济秩序。

《会计法》主要规定了会计工作的基本目的、会计管理权限、会计责任主体、会计核算和会计监督的基本要求、会计人员和会计机构的职责权限，并对会计法律责任作出了详细的规定。

二、具体的会计法律规定

(一) 会计机构

《会计法》规定:"各单位应依据会计业务的需要,设置会计机构,或者在有关机构中设置会计人员并指定会计主管人员;不具备设置条件的,应当委托经批准设立从事会计代理记账业务的中介机构代理记账。"

企业可以单独设置会计机构,也可以不单独设置会计机构,一个单位是否单独设置会计机构,主要取决于以下几个因素:

一是单位规模大小。一般来说,实行企业化管理的事业单位或集团公司、股份有限公司、有限责任公司等应当单独设置会计机构,以便及时组织对本单位各项经济活动和财务收支的核算,实施有效的会计监督。对于规模很小的单位,为了提高经济效益,可以不单独设置会计机构。

二是经济业务和财务收支的繁简。具有一定规模的行政、事业单位,以及财务收支数额较大、会计业务较多的社会团体和其他经济组织,也应单独设置会计机构,以保证会计工作的效率和会计信息的质量。对于经济业务简单、业务量相对较少的单位可以不单独设置会计机构。

三是经营管理的要求。一个单位在经营管理上的要求越高,对会计信息的需求也会相应增加,对会计信息系统的要求也越高,从而决定了该单位设置会计机构的必要性。

(二) 会计工作岗位

《会计基础工作规范》中规定会计工作岗位一般分为:会计机构负责人岗位;总会计师岗位;出纳岗位;稽核岗位;收入、支出、债权债务核算岗位;工资核算、成本核算、财务成果核算岗位;财产物资的收发、增减核算岗位;总账岗位;会计电算化岗位;会计档案管理岗位(图 11-1)。

会计工作岗位根据本单位会计实务的需要可以一人一岗、一人多岗或一岗多人。比如担任总账岗位,同时可以兼任工资核算、成本核算、财务成果核算岗位。但是出纳人员不得兼管审核、会计档案保管和收入、费用、债权债务账目的登记工作。

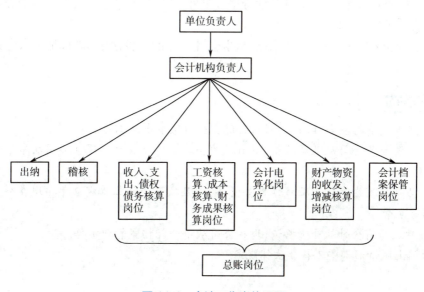

图 11-1 会计工作岗位设置

知识链接

常见的会计工作岗位

企业的会计机构一般设置如下岗位：

1. 会计机构负责人　在企业内具体负责会计工作，领导会计机构或会计人员依法进行会计核算，实行会计监督的中层领导人。

2. 出纳　一般办理企业的现金收付、银行结算及有关账务，保管库存现金、有价证券、财务印章及有关票据等工作。

3. 总账会计　全盘处理公司账务，完成原始凭证的审核，填制记账凭证和会计账簿，记账并编制会计报表。在大型企业这一系列的工作比较繁杂，可以设置多人共同完成总账工作，而小型企业一般设置一人担任总账会计。

4. 税务会计　办理企业与税务有关的事宜。例如：负责开具增值税发票、普通发票；每月进行纳税申报；负责减税、免税的申报。

课堂活动

1. 药店药品库房记账员所从事的工作。
2. 药店收银员所从事的工作。
3. 医院住院处收费员所从事的工作。
4. 医院内部稽核岗位。
5. 医院内核算员工工资的岗位。

请问上述哪种岗位属于会计岗位？

（三）会计人员

《会计法》第三十八条规定："从事会计工作的人员，必须取得会计从业资格证书。担任单位会计机构负责人，除取得会计从业资格证书外，还应当具备会计师以上专业技术职务资格或从事会计工作三年以上经历。"

会计从业资格是指进入会计职业、从事会计工作的一种法定资质，是进入会计职业的"门槛"。

课堂活动

1. 张某没有持有会计从业资格证，现在公司从事出纳工作。
2. 王某持有会计从业资格证，并且从事会计工作满2年。现在公司从事单位财务主管。
3. 万某持有会计师专业技术职务资格，并且从事会计工作满2年。现在公司担任单位财务主管。
4. 林某持有会计从业资格证，现在公司从事会计档案管理工作。

请问上述情形哪些不符合法律规定？

（四）会计资料

会计资料主要是指会计凭证、会计账簿、财务会计报告等会计核算专业资料，它是会计核算的成果。本书已经在前面的章节对其一一做过介绍。

根据《会计法》《会计基础工作规范》等相关规定："会计凭证、会计账簿、财务会计报告和其他会计资料，必须符合国家统一的会计制度的规定。""任何单位和个人不得伪造、变造会计凭证、会计账簿和其他会计资料，不得提供虚假的财务会计报告。"

对于不依法设置会计账簿；伪造、变造会计凭证、会计账簿、编制虚假财务会计报告；隐匿或故意销毁依法保存的会计资料；授意、指使、强令会计机构、会计人员及其他人员伪造、变造会计凭证、会计账簿、编制虚假财务会计报告或隐匿、故意销毁依法应保存的会计资料；单位负责人对依法履行职责抵制违法《会计法》规定行为的会计人员实行打击报复等违法行为应追究其相应的法律责任。

 案例分析

案例：

利康药厂急需向银行贷款，但由于效益不好，无法从银行贷到足够的款项。利康药厂厂长王某与会计科科长张某商议后决定将药厂财务会计报告中本年利润亏损20万元调整为盈利20万元向银行报送。后来张某还将原先的财务会计报告销毁。请问上述情形中哪些是违法行为？

分析：

1. 案例中调整财务报告本年利润的行为是违法的。《会计法》任何单位和个人不得提供虚假的财务会计报告。

2. 张某将原先的财务会计报告销毁是违法的。会计档案只有保管期满，并且需编造会计档案销毁清册，经单位负责人签署意见同意后方可销毁。

3. 王某和张某调整会计财务报告企图骗取银行贷款的行为同时触犯了我国的《刑法》。

 点滴积累

1. 《会计法》是我国会计法律体系的主体。

2. 会计工作岗位根据本单位会计实务的需要可以一人一岗、一人多岗或一岗多人。出纳岗位另有规定。

3. 从事会计工作需要会计从业资格证，它是进入会计职业的"门槛"。

第二节 会计职业道德

一、会计职业道德的概念和主要内容

会计职业道德是指在会计职业活动中应遵循的、体现会计职业特征的、调整会计职业关系的职业行为准则和规范。会计人员职业道德是一般社会道德在会计职业中的特殊表现形式,它既有社会道德的共性、又有会计自身职业的特性。

会计职业道德的主要内容包括爱岗敬业、诚实守信、廉洁自律、客观公正、坚持准则、提高技能、参与管理、强化服务。会计职业道德要求会计从业者在实践中自觉遵循、不断充实和发扬光大。

1. 爱岗敬业　爱岗敬业要求会计人员热爱会计工作、安心本职岗位,忠于职守、尽心尽力、尽职尽责。这是会计从业人员做好本职工作的基础和条件,是最基本的道德素质。

2. 诚实守信　诚实守信就是会计人员在从事会计职业时应当实事求是的做事,讲信用,重信誉,信守诺言。这是会计职业道德的基本工作准则。

3. 廉洁自律　廉洁自律要求会计人员公私分明、不贪不占、遵纪守法、清正廉洁。这是会计职业的特点决定的,是职业道德的内在要求和行为准则。

4. 客观公正　客观公正要求会计人员端正态度,依法办事,实事求是,不偏不倚,保持应有的独立性。

5. 坚持准则　这里所说的"准则",就是国家的法律法规、国家统一的会计制度。所谓坚持准则,要求会计人员熟悉国家法律、法规和国家统一的会计制度,始终坚持按法律法规和国家统一的会计制度的要求进行会计核算,实施会计监督。因此,坚持准则就是坚持依法办理会计事务。

6. 提高技能　所谓提高技能就是要求会计人员增强提高专业技能的自觉性和紧迫感,勤学苦练,刻苦钻研,不断进取提高业务水平。

7. 参与管理　所谓参与管理,就是要求会计人员在做好本职工作时努力钻研相关业务,全面熟悉本单位经营活动和业务流程,主动提出合理化建设,协助领导决策,积极参与管理。

8. 强化服务　所谓强化服务就是要求会计人员树立服务意识,提高服务质量。努力维护和提升会计职业良好的社会形象。

课堂活动

请同学们判断以下观点是否违反了会计职业道德?

1. 会计人员看人办事"官大办事快,官小办事慢,无官拖着办"。

2. 会计人员只要按照领导的指示做事,领导怎么说就怎么做。

3. 会计人员的工作只是记记账、算算账,与单位经营决策关系不大,没有必要要求会计人员"参加管理"。

4. 会计人员只需对付自己的本职工作,不需要学习新的知识。

二、会计职业道德和会计法律制度的关系

会计职业道德与会计法律制度既有相互联系的一面,又有存在差异的一面。

(一) 联系

会计职业道德与会计法律制度相互补充、相互协调。会计法律制度中含有会计职业道德规范的内容,同时,会计职业道德规范中也包含会计法律制度的某些条款。会计法律制度是会计职业道德的最低要求,会计法律制度又促进会计职业道德规范形成和遵守的制度保障。

（二）区别

1. 性质不同　会计法律制度由国家立法部门或行政管理部门颁布规定。它充分体现了统治阶级的愿望和意志，通过国家机器强制执行，具有很强的他律性。会计职业道德主要是从品行角度对会计人员的会计行为作出规范。

2. 作用范围不同　会计法律制度侧重于调整会计人员的外在行为和结果的合法化，具有较强的客观性。会计职业道德不仅要求调整会计人员的外在行为，还要求调整会计人员内在的精神世界。

3. 实现形式不同　会计法律制度是通过一定的程序由国家立法部门或行政管理部门制定的。会计职业道德出自于会计人员的职业生活和职业实践，日积月累，约定俗成。

4. 实施保障机制不同　会计法律制度由国家强制力保障实施。会计职业道德缺乏对裁定执行的保障。

 点滴积累

1. 会计职业道德是指在会计职业活动中应遵循的、体现会计职业特征的、调整会计职业关系的职业行为准则和规范。

2. 会计职业道德与会计法律制度是既区别又联系的。

 目标检测

一、单项选择

1. 根据《会计法》的规定，从事会计工作的人员，应当具备的基本条件即取得任职资格是（　　）

　A. 取得会计从业资格证书　　　　B. 取得初级会计专业技术资格

　C. 取得中专以上会计专业学历　　D. 取得注册会计师资格证书

　E. 从事会计工作 3 年以上

2. 出纳人员可以兼任的工作有（　　）

　A. 稽核　　　　　　　　　　　　B. 会计档案的保管

　C. 现金和银行存款日记账的登记　D. 收入、支出账目的登记

　E. 费用、债权债务账目的登记

3. 会计职业道德与会计法律制度的区别不包括（　　）

　A. 实施保障机制不同　　　　　　B. 目的不同

　C. 作用范围不同　　　　　　　　D. 性质不同

　E. 实现形式不同

4. 下列各项关于会计职业道德和会计法律制度两者区别的论述中，正确的是（　　）

　A. 会计法律制度具有很强的他律性，会计职业道德具有很强的自律性

　B. 会计法律制度调整会计人员的外在行为，会计职业道德只调整会计人员的内心精神世界

　C. 会计法律制度有成文规定，会计职业道德无具体的表现形式

　D. 违反会计法律制度可能会受到法律制裁，违反会计职业道德只会受到道德谴责

　E. 会计法律制度是会计人员日积月累形成的习惯，会计职业道德是由国家立法部

门制定的

5. "坚持好制度胜于做好事,制度大于天,人情薄如烟",这句话体现的会计职业道德内容要求是(　　)

    A. 参与管理　　　　　　B. 提高技能　　　　　　C. 坚持准则

    D. 强化服务　　　　　　E. 爱岗敬业

二、多项选择题

1. 根据会计法规定,下列属于单位会计机构负责人(会计主管人员)任职条件的是(　　)

    A. 取得会计从业资格证书　　　　　　B. 工作3年以上

    C. 具有会计师以上专业技术职务　　　D. 担任总会计师职务

    E. 拥有注册会计师资格证书

2. 以下各项中,属于会计职业道德内容的是(　　)

    A. 客观公正　　　　　　B. 坚持准则　　　　　　C. 参与管理

    D. 诚实守信　　　　　　E. 爱岗敬业

3. 某集团公司组织一次会计诚信建设座谈会,与会会计人员谈了各自的观点。下列各项观点中,符合会计职业道德要求的是(　　)

    A. 既然公司领导对公司会计工作和会计信息质量负责,会计人员就应该听领导的,在自己不贪不占的前提下,领导让干什么就干什么

    B. 会计工作无非是记记账、算算账、公司生产经营决策是领导的事,与会计人员无关,所以没有必要参与,也没有必要过问

    C. 会计人员应保守公司的商业秘密

    D. 会计人员应按照国家统一的会计制度记账、算账、报账,如实反映单位经济业务活动情况

    E. 会计人员在进行存货盘点时发现有盘盈情况,由于涉及金额较小,会计人员并未上报,并且将盘盈的存货据为己有

4. "信以立志,信以守身,信以处事,信以待人,毋忘立信,当必有成。"这句话没有体现的会计职业道德的内容是(　　)

    A. 坚持准则　　　　　　B. 客观公正　　　　　　C. 诚实守信

    D. 廉洁自律　　　　　　E. 参与管理

5. 在公司、企业从事下列(　　)会计工作的人员必须取得会计从业资格。

    A. 单位负责人　　　　　　　　　　　B. 出纳

    C. 稽核　　　　　　　　　　　　　　D. 财务会计报告编制

    E. 工资核算

三、简答题

1. 企业是否设置会计机构取决于哪些因素?

2. 会计职业道德的主要内容是哪些?

3. 会计法律制度与会计职业道德的联系和区别?

四、综合题

2013年8月,某药厂会计人员钱某去外地学习一个月,会计科长指示出纳王某监管钱某的会计档案保管工作,未办理会计工作交接手续。出纳员王某并未持有会计从业资格证,

但因为是会计科科长的女儿,所以安排进了药厂财务科。自王某担任出纳员以来,药厂的现金日记账和银行存款日记账都是用圆珠笔写的,未按页次顺序连续登记,有跳行、隔页现象。该案例中有哪些行为不符合国家会计法律规定?

(刘 芸)

实　　训

实训 1:熟悉会计要素

【实训目的】熟悉会计要素。

【实训内容】

资料 1:白云药业有限责任公司是一家集生产、销售为一体的内资公司。公司成立于 2010 年 1 月 1 日,注册资本 280 万元,其中 A 方以银行存款 60 万元和厂房 120 万元投资,B 方以生产设备 110 万元投资。

资料 2:公司成立后的当月发生经济业务如下:

(1)从银行存款提取备用金 3000 元。

(2)采购生产药品原材料 90 000 元,用银行存款支付 60 000 元,其余 30 000 元尚未支付。

(3)取得银行半年期的贷款 150 000 元。

(4)当月生产乌鸡白凤丸 80 000 元入库,销售收入 120 000 元,取得利润 40 000 元。

(5)支付生产车间工人工资 8000 元,生产车间管理费用 2000 元。

【实训要求】

1. 根据资料 1 确定企业成立时涉及的会计要素。

2. 根据资料 2 确定企业成立当月所发生的经济业务涉及的会计要素。

实训 2:用借贷记账法编制会计分录

【实训目的】熟悉借贷记账法,练习编制会计分录。

【实训内容】

资料:白云药业有限责任公司 2013 年 4 月发生的经济业务如下:

(1)从银行提取备用金 1000 元。

(2)采购原材料药材黄芪一批,价值 20 000 元,以银行存款支付。

(3)接受外商投资 1 000 000 元,款项已经存入银行存款。

（4）采购原材料药材人参一批，价值 80 000 元，其中银行存款支付 50 000 元，暂欠 30 000 元。

（5）向银行借入期限为六个月的短期借款 50 000 元，款项已到账存入银行。

（6）采购大型药材烘干设备一台，价值 50 000 元，用银行存款支付。

（7）用银行存款偿还之前银行短期借款 50 000 元。

【实训要求】

根据上述资料编制会计分录。

实训 3：练习"T"形账户登记和试算平衡

【实训目的】练习"T"形账户登记和试算平衡。

【实训内容】

1. 实训 2 中发生的经济业务。

2. 白云药业有限责任公司 2013 年 3 月底各账户余额如下：

资产	余额	负债与所有者权益	余额
库存现金	1500	短期借款	50 000
银行存款	1 383 500	其他应付款	200 000
原材料	80 000	实收资本	1 935 000
应收账款	20 000	资本公积	200 000
库存商品	300 000		
固定资产	600 000		
	2 385 000		2 385 000

【实训要求】

1. 根据实训 2 发生的经济业务开设相应"T"形账户，并登记期初余额、本期发生额和期末余额。

2. 根据各账户的发生额和余额编制试算平衡表，进行试算平衡测试

实训 4：练习原始凭证和记账凭证的填制

【实训目的】练习原始凭证的填制、记账凭证的填制。

【实训内容】白云药业有限责任公司 2013 年 8 月份发生下列经济业务：

1. 3 日，接银行收款通知，收到友邦药业有限责任公司归还所欠货款 20 000 元；

155

2. 6日,向农业银行借入短期借款100 000元,款项已进公司账上;

3. 10日,业务员张军借差旅费2000元,以现金支付;

4. 13日,销售给友邦药业有限责任公司保和丸500件,增值税专用发票列单价200元,计100 000元,增值税17 000元,全部款项已收到并存入银行;

5. 18日,开出转账支票10 000元支付前欠南通制药厂货款;

6. 21日,开出现金支票,从银行提取现金2000元,备用;

7. 24日,开出转账支票300 000元支付本月职工工资;

8. 25日,向海欣药业有限责任公司购入金银花1000kg,增值税专用发票列单价19元,计19 000元,增值税3230元,货款及增值税以银行存款支付,材料已验收入库;

9. 26日,公司购买办公用品700元,用现金支付;

10. 27日,开出转账支票,支付产品广告费6000元;

11. 28日,用银行存款支付本月水费3000元,电费26 000元;

12. 29日,计题本月固定资产折旧12 000元;

13. 30日,以银行存款上交所得税6000元。

【实训要求】

1. 根据实训内容中的第4项经济业务填制增值税发票。

2. 根据实训内容中的第8项经济业务填制入库单。

3. 根据实训内容中的13项经济业务分别填制收款凭证、付款凭证和转账凭证。

实训5:练习日记账的登记

【实训目的】练习日记账的登记。

【实训内容】

资料1:白云药业有限责任公司2013年8月1日银行存款日记账借方余额90 000元,库存现金日记账借方余额3000元。

资料2:实训4的13项经济业务填制的收款凭证和付款凭证。

【实训要求】

1. 根据资料1分别开设三栏式库存现金和银行存款日记账,并登记期初余额。

2. 根据资料2实训4的13项经济业务填制的收款凭证和付款凭证,逐笔登记库存现金和银行存款日记账。

实训6:练习编制银行存款余额调节表

【实训目的】练习编制银行存款余额调节表。

【实训内容】

资料:白云药业有限责任公司 2013 年 4 月 30 日银行存款日记账余额为 172 000 元,银行对账单余额为 180 000 元,经逐笔核对,发现有如下未达账项:

1. 29 日公司开出转账支票 2000 元,公司已记账,而持票人未到银行办理转账。
2. 29 日公司委托银行代收药品款 20 000 元,银行已收妥,公司未收。
3. 30 日公司收到转账支票一张计款 10 000 元,银行未入账。
4. 30 日银行代付水费 4000 元,公司尚未收到付款凭证。

【实训要求】

根据资料编制银行存款余额调节表。

实训 7:练习医药企业主要经济业务的账务处理

【实训目的】练习医药企业主要经济业务的账务处理。

【实训内容】

资料:白云药业有限公司 2013 年 11 月发生下列经济业务:

1. 1 日,向建设银行借款 500 万元,偿还期限为 5 个月。该笔借款在公司建设银行户头上到账。
2. 2 日,以银行存款支付广告费 20 000 万元。
3. 5 日,销售公司 A 材料 500kg,价税合计 5000 元,款项收到后存入公司建设银行户头。
4. 7 日,职工小张出差借差旅费 1500 元,以现金付讫。
5. 11 日,以银行存款支付公司经理办公室的本月电话费 3000 元。

【实训要求】根据以上经济业务编制会计分录。

实训 8:操作医院药品管理软件

【实训目的】熟练操作医药管理系统软件中的药品采购入库、出库、药品领用、药品盘点业务。

【实训内容】某医院于 2013 年 12 月份发生下列部分经济业务:

1. 5 日,医院购进小儿氨酚黄那敏颗粒 2000 盒,单价 29.8 元,并经质检核对药品采购信息无误;
2. 8 日,住院部药房从药库领用 800 盒小儿氨酚黄那敏颗粒,门诊药房领用 1000 盒小儿氨酚黄那敏颗粒;
3. 15 日,因领购单不符,门诊药房发生 20 盒退库小儿氨酚黄那敏颗粒;

4. 30 日,门诊药房进行盘点,库存 500 盒小儿氨酚黄那敏颗粒。

【实训要求】

1. 根据实训内容中的第 1 项经济业务熟练操作医院信息管理系统软件中的药品采购信息无误的采购入库的操作;

2. 根据实训内容中的第 2 项经济业务熟练操作医院信息管理系统软件中的药房领用药品的流程;

3. 根据实训内容中的 3 项经济业务熟练操作医院信息管理系统软件中的药品退库流程;

4. 根据实训内容中的 4 项经济业务熟练操作医院药品盘点,填制药品盘点明细表。

实训 9:药店药品采购入库、药店销售收银的管理软件操作

【实训目的】熟练操作医药管理系统软件中的总部药品采购入库、药店分店销售收银业务。

【实训内容】友邦连锁药店于 2013 年 10 月份发生下列部分经济业务:

1. 5 日,友邦总部购进小儿解感颗粒 2000 盒,单价 13.80 元,并经质检核对药品采购信息无误;

2. 15 日,友邦总部购进阿莫西林 2500 盒,单价 12.00 元,并经质检核对药品采购信息有误;

3. 25 日,友邦一分店销售止咳痰浆 100 盒,零售价 15.00 元。

【实训要求】

1. 根据实训内容中的第 1 项经济业务熟练医药管理系统软件中的药品采购信息无误的采购入库的操作;

2. 根据实训内容中的第 2 项经济业务熟练医药管理系统软件中的采购信息有误的药品采购入库的操作;

3. 根据实训内容中的第 3 项经济业务熟练医药管理系统软件中的药品销售操作。

参 考 文 献

1. 王富阶 . 会计学基础 . 北京 : 人民卫生出版社 , 2003
2. 邱秀荣 . 会计学基础与财务管理 . 北京 : 人民卫生出版社 , 2009
3. 周凤莲 . 基础会计 . 第 2 版 . 北京 : 人民卫生出版社 , 2013
4. 张燕 , 李旭 . 连锁店实用会计手册 . 北京 : 中国经济出版社 , 2012
5. 邓冬梅 . 连锁药店运营管理 . 北京 : 化学工业出版社 , 2011
6. 陈玉文 . 药店店长手册 . 北京 : 人民卫生出版社 , 2010
7. 卫生部规划财务司 . 医院财务与会计实务 . 北京 : 企业管理出版社 , 2012
8. 高广颖 , 赵晓雯 , 李月明 . 医院会计与财务管理 . 北京 : 人民卫生出版社 , 2013
9. 张晓岚 , 乔爱华 . 医院财务会计 . 上海 : 立信会计出版社 , 2012

目标检测参考答案

第一章　会计的基本概念

一、单项选择题

1. C　　　2. E　　　3. C　　　4. A　　　5. D

二、多项选择题

1. AD　　2. ABCE　3. ABCDE　4. ABCD　5. ABE

三、简答题（略）

第二章　会计科目、账户与借贷记账法

一、单项选择题

1. D　　　2. C　　　3. A　　　4. E　　　5. A

二、多项选择题

1. ABD　2. BCDE　3. ABCDE　4. AB　　5. AD

三、简答题（略）

第三章　会计凭证

一、单项选择题

1. B　　　2. A　　　3. C　　　4. B　　　5. C

二、多项选择题

1. ABCDE　2. BDE　3. ABCDE　4. AB　　5. AB

三、简答题（略）

第四章　会计账簿

一、单项选择题

1. A　　　2. B　　　3. D　　　4. C　　　5. B

二、多项选择题

1. BCD　2. ABCD　3. ABD　4. AC　　5. ABC

三、简答题（略）

四、综合题

序号	应采用的更正方法	错账更正的会计分录
1	划线更正法	
2	红字更正法	借：银行存款　　　　　　　19 700 　　贷：应付账款　　　　　　　19 700 借：银行存款　　　　　　　19 700 　　贷：应收账款　　　　　　　19 700

160

续表

序号	应采用的更正方法	错账更正的会计分录
3	红字更正法	借:制造费用 41 400 　贷:累计折旧 41 400
4	补充登记法	借:应付职工薪酬　32 400 　贷:库存现金　　　32 400

第五章　财产清查

一、单项选择题

1. C　　　2. A　　　3. B　　　4. D

二、多项选择题

1. ABCDE　2. BC　　3. ABD　　4. AC

三、简答题(略)

四、综合题

账存实存对比表

单位名称:白云药业有限责任公司

2013 年 6 月 30 日　　　　　　　　　　　　　　　编号:001

编号	名称及规格	计量单位	单价	账存		实存		对比结果				备注
								盘盈		盘亏		
				数量	金额	数量	金额	数量	金额	数量	金额	
	5% 葡萄糖 500ml	瓶	7.40	630	4662.00	623	4610.20			7	51.80	
	5% 葡萄糖 250ml	瓶	6.10	540	3294.00	550	3355.00	10	61.00			
	0.9% 盐水 250ml	瓶	5.90	80	472.00	75	442.50			5	29.50	

会计主管:李军　　　　　　　　复核:钟霞　　　　　　　　制表:李英

第六章　账务处理程序

一、单选题

1. B　　　2. C　　　3. C　　　4. B　　　5. A

二、多选题

1. ABC　　2. ABC　　3. AC　　4. AB　　5. ABCE

三、简答题(略)

第七章　医药企业主要经济业务

一、单项选择题

1. A　　　2. A　　　3. B　　　4. B　　　5. D

二、多项选择题

1. BCD　　2. BCD　　3. AD　　4. AC　　5. ABD

三、简答题(略)

第八章　会计报表

一、单选题

1. A　　　2. B　　　3. A　　　4. C　　　5. C

二、多选题

1. ABCDE　2. ABCD　3. ABCE　4. BCD　5. ABD

三、简答题（略）

第九章　会计基础在医院药品管理中的应用

一、单项选择题

1. D　　　2. C　　　3. D　　　4. A　　　5. C

二、多项选择题

1. ABCD　2. ABC　3. ABCD　4. ABC　5. ACD

三、简答题（略）

四、综合题（略）

第十章　药店中的会计知识应用

一、单选题

1. D　　　2. D　　　3. D　　　4. A　　　5. C

二、多选题

1. AB　　2. ABCD　3. ABCD　4. ABC　5. ABCD

三、简答题（略）

第十一章　会计法律规范和会计职业道德

一、单项选择题

1. A　　　2. C　　　3. B　　　4. A　　　5. C

二、多项选择题

1. ABC　　2. ABCDE　3. CD　　4. ABD　5. BCDE

三、简答题（略）

四、综合题

题目中以下情况不符合国家会计法律规定:①出纳员兼任会计档案保管工作。②出纳员王某在没有持有会计从业资格证的情况下从事会计工作。③王某为会计机构负责人的直系亲属担任出纳工作。④登记日记账时用圆珠笔书写。⑤日记账有未按页次顺序连续登记,有跳行、隔页现象。

会计基础教学大纲

一、课程性质

本课程是中等职业学校药剂专业的一门选修课程。其任务是使学生掌握会计人才所必备的会计基本理论、基本知识和基本技能,为学生进一步学习各种专业会计、医院药品会计管理和药店会计管理课程奠定基础。

二、课程目标

(一)职业素养目标

1. 了解财务、会计基本法规制度,树立法制观念。

2. 具有严谨工作作风,实事求是学风和创新意识。

3. 树立良好的会计职业道德观念。

4. 具有良好的人际沟通能力、团队合作精神和服务意识。

(二)知识目标和技能目标

1. 掌握会计的基本前提、要素和等式,账户结构和借贷记账法的运用,填制、审核原始凭证和记账凭证,会计账簿的品种、格式和登记方法,财产清查的种类与方法,记账凭证账务处理程序的特点及其优缺点与适用范围,医药企业主要经济业务的会计分录编制,医院药品管理的流程,药店的申办条件,药店业务核算管理流程,医院药品管理软件和药店药品采购入库,药店销售收银管理软件的操作,会计工作岗位、会计人员、会计资料的会计法律规定。

2. 熟悉会计的职能和信息质量要求,会计科目表中的会计科目及其使用说明、试算平衡,会计凭证的传递和保管,错账更正的方法、对账和结账,财产清查处理程序,财产清查结果的账务处理,熟悉账务处理程序的概念、意义和要求,医药企业的资金筹集过程、采购过程、生产过程、销售过程以及利润形成过程,资产负债表和利润表的内容,药品管理办法,熟悉药店的分类、我国会计法律体系的概念和种类。

3. 了解会计的概念、特点、对象和方法,会计科目、账户的定义和分类,会计凭证的定义和分类,会计账簿的概念、基本内容、登记要求及平行登记,财产清查的概念与作用,科目汇总表和汇总记账凭证账务处理程序的特点及其优缺点与适用范围,固定资产、累计折旧等基本概念,会计报表的作用、种类,药品管理的意义,药店的定义、药店会计的定义和职能,会计职业道德及其与法律规范的关系。

三、教学时间分配

教学内容	学时		
	理论	实践	合计
会计的基本概念	1.5	0.5	2
会计科目账户与借贷记账法	2	1	3
会计凭证	2	1	3
会计账簿	2	1	3
财产清查	1.5	0.5	2
账务处理程序	1	0	1
医药企业主要经济业务账务处理	4	2	6
会计报表	2	0	2
医院药品管理中的会计知识应用	4	2	6
药店中的会计知识应用	4	2	6
会计法律规范和会计职业道德	2	0	2
合计	26	10	36

四、课程内容和要求

单元	教学内容	教学要求	教学活动参考	参考学时	
				理论	实践
第一章 绪论	第一节 会计的基本概念 一、会计的概念 二、会计的职能 三、会计的特点 四、会计的对象 第二节 会计核算的基本前提 第三节 会计信息质量要求 第四节 会计方法 第五节 会计要素及会计等式 一、会计要素 二、会计等式	了解 熟悉 了解 了解 掌握 熟悉 了解 掌握	情景教学理论讲授 多媒体演示讨论	1.5	
	实训1:熟悉会计要素	学会	技能实践		0.5
第二章 会计科目、账户与借贷记账法	第一节 会计科目和账户 一、会计科目 二、会计科目的使用说明 三、账户 第二节 借贷记账法 一、记账法的概念	了解 熟悉 掌握 了解	情景教学理论讲授 案例教学 多媒体演示讨论	2	

续表

单元	教学内容	教学要求	教学活动参考	参考学时	
				理论	实践
第二章 会计科目、账户与借贷记账法	二、借贷记账法 三、试算平衡	掌握 熟悉			
	实训2:用借贷记账法编制会计分录	学会	技能实践		0.5
	实训3:练习"T"形账户登记和试算平衡	学会	技能实践		0.5
第三章 会计凭证	第一节　会计凭证概述 一、原始凭证 二、记账凭证 三、原始凭证和记账凭证的区别 第二节　凭证的填制和审核 一、原始凭证的填制和审核 二、记账凭证的填制和审核 第三节　会计凭证的传递与保管 一、会计凭证的传递 二、会计凭证的保管	了解 了解 了解 掌握 熟悉	情景教学理论讲授 会计凭证实物展示 案例教学 多媒体演示讨论	2	
	实训4:练习原始凭证和记账凭证的填制	学会	技能实践		1
第四章 会计账簿	第一节　会计账簿概述 一、会计账簿的概念 二、会计账簿的种类 第二节　会计账簿的设置和登记 一、会计账簿的基本内容及登记要求 二、会计账簿的格式及登记方法 三、总分类账户与明细分类账户的平行登记 四、对账及结账 第三节　错账更正方法 第四节　会计账簿的更换和保管 一、会计账簿的更换 二、会计账簿的保管	了解 掌握 了解 掌握 了解 熟悉 熟悉 了解 了解	情景教学理论讲授 会计账簿实物展示 案例教学 多媒体演示讨论	2	
	实训5:练习日记账的登记	学会	技能实践		1
第五章 财产清查	第一节　财产清查的意义和种类 一、财产清查的意义 二、财产清查的种类 第二节　财产清查的方法和结果处理 一、财产清查的方法 二、财产清查的结果处理	了解 掌握 掌握 熟悉	情景教学理论讲授 案例教学 多媒体演示讨论	1.5	
	实训6:练习编制银行存款余额调节表	学会	技能实践		0.5
第六章 账务处理程序	第一节　账务处理程序的概述 一、账务处理程序的概念 二、账务处理程序的种类 第二节　账务处理程序 一、记账凭证账务处理程序	熟悉 熟悉 掌握	情景教学理论讲授 多媒体演示讨论	1	

单元	教学内容	教学要求	教学活动参考	参考学时 理论	实践
第六章 账务处理 程序	二、汇总记账凭证账务处理程序	了解			
	三、科目汇总表账务处理程序	了解			
	四、三种账务处理程序的优缺点及适用范围	了解			
第七章 医药企业主 要经济业务 账务处理	第一节　资金筹集经济业务的核算	掌握	情景教学理论讲授 多媒体演示讨论	4	
	一、账户设置				
	二、核算举例				
	第二节　采购过程经济业务的核算	掌握			
	一、账户设置				
	二、核算举例				
	第三节　生产过程经济业务的核算	掌握			
	一、直接费用和间接费用的归集				
	二、账户设置				
	三、核算举例				
	第四节　产品销售过程经济业务的核算	掌握			
	一、账户设置				
	二、核算举例				
	第五节　利润形成和利润分配业务的核算	掌握			
	一、账户设置				
	二、核算举例				
	第六节　固定资产相关业务的核算	了解			
	一、固定资产的基本概念				
	二、账户设置				
	三、核算举例				
	实训7:练习医药企业主要经济业务的账务 处理	学会	技能实践		2
第八章 会计报表	第一节　会计报表的作用、种类和编制要求		情景教学理论讲授 会计报表实物展示 多媒体演示讨论	2	
	一、会计报表的作用	了解			
	二、会计报表的种类	了解			
	三、会计报表的编制要求	掌握			
	第二节　资产负债表				
	一、基本内容	熟悉			
	二、经济业务实例	熟悉			
	第三节　利润表				
	一、基本内容	熟悉			
	二、经济业务实例	熟悉			
第九章 医院药品 管理中的 会计知识 应用	第一节　医院药品管理概述		情景教学理论讲授 多媒体演示讨论	4	
	一、医院药品管理的意义	了解			
	二、医院药品管理的办法	熟悉			
	三、医院药品管理存在的问题及对策	熟悉			
	第二节　医院药品核算管理流程及操作实例				
	一、药品购入核算	掌握			

续表

单元	教学内容	教学要求	教学活动参考	参考学时	
				理论	实践
第九章 医院药品管理中的会计知识应用	二、药品出库核算	掌握			
	三、药品收入核算	掌握			
	四、药品成本核算	掌握			
	五、药品盘点核算	掌握			
	实训:8:操作医院药品管理软件	学会	技能实践		2
第十章 药店中的会计知识应用	第一节　药店的概述		情景教学理论讲授 案例教学 多媒体演示讨论	4	
	一、药店的概念	了解			
	二、药店的申办条件	掌握			
	三、药店的分类	熟悉			
	四、药店会计的定义	了解			
	五、药店会计的重要性	了解			
	六、药店业务核算流程	熟悉			
	第二节　药店业务的核算				
	一、药店筹资业务的核算	掌握			
	二、药店投资业务的核算	掌握			
	三、药店采购业务的核算	掌握			
	四、药店销售业务的核算	掌握			
	五、药店利润分配业务的核算	掌握			
	六、药店的其他经济业务核算	掌握			
	实训 9:药店药品采购入库、药店销售收银的管理软件操作	学会	技能实践		2
第十一章 会计法律规范和会计职业道德	第一节　会计法律制度		情景教学理论讲授 案例教学 多媒体演示讨论	2	
	一、会计法律体系	熟悉			
	二、具体的会计法律规定	掌握			
	第二节　会计职业道德				
	一、会计职业道德的概念和主要内容	了解			
	二、会计职业道德和会计法律制度的关系	了解			

五、说明

(一)教学安排

本教学大纲主要供中等卫生职业教育药学类专业教学使用,学时为 36 学时,其中理论教学 26 学时,实践教学 10 学时。

(二)教学要求

1. 本课程对理论部分教学要求分为掌握、熟悉、了解 3 个层次。掌握:指对基本知识、基本理论有较深刻的认识,并能综合、灵活地运用所学的知识解决实际问题。熟悉:指能够领会概念、原理的基本含义,解释现象。了解:指对基本知识、基本理论能有一定的认识,能够记忆所学的知识要点。

2. 本课程重点突出以岗位胜任力为导向的教学理念,在实践技能方面的要求是学会,是指在教师的指导下能运用所学基础知识和基本技能,解决实际工作中的一些具体问题。

（三）教学建议

1. 本课程是中等职业学校的一门选修课程，主要供三年制药剂专业教学使用，也可作为药品生产企业、药品销售企业、医院和药店企业员工培训的教材。本课程认真总结了教学经验和企业实践的基础上，打破传统的以理论知识为核心，充分考虑了中等卫生职业教育的特点，注重会计基本理论联系实际，教学中突出基本理论、基本知识尤其是基本操作技能的培养和训练，根据学生学习的规律和特点，培养学生的实际动手能力，使学生掌握必要的会计基础知识、会计基本技能，会计知识在医院和药店中的应用，为学生以后工作打下基础。

2. 本课程具有较强的政策性、实践性和技术性，教学中应注重理论联系实际，利用现代教学手段和会计凭证、账表等实物展示，运用实务案例，让学生多做练习，加强基本技能训练，增强学生的感性认识和动手能力，培养学生分析和解决问题的能力。关注会计改革发展的动向，对国家颁布的新制度、新准则、新技术应适时引进到教学中来。要加强对学生的法制观念和职业道德的培养。

3. 注意改革考核手段与方法，可通过课堂提问、学生作业、平时测验、实训及考试情况综合评价学生成绩。应适当增加实践性教学的考核比重。